CHWARAE MIG

CHWARAE MIG

ANNES GLYNN

Golygyddion y Gyfres:
Dr Christine Jones
a
Julie Brake

Argraffiad cyntaf—2002

ISBN 1 84323 160 3

Cyhoeddwyd dan gynllun comisiynu Cyngor
Llyfrau Cymru.

Dymuna'r cyhoeddwyr gydnabod cymorth
Adrannau Cyngor Llyfrau Cymru.

Argraffwyd yng Nghymru gan
Wasg Gomer, Llandysul, Ceredigion

I bob dysgwr Cymraeg brwdfrydig,
gydag edmygedd.

BYRFODDAU

eg	enw gwrywaidd
eb	enw benywaidd
egb	enw gwrywaidd neu enw benywaidd
ll	lluosog
GC	gair a ddefnyddir yng ngogledd Cymru
DC	gair a ddefnyddir yn ne Cymru

1

Roedd hi'n llai na phythefnos wedi i ddau dŵr Masnach y Byd ddisgyn yn gawod o goncrit a dur ar strydoedd Manhattan, ac roedd Alaw yn nerfus. Yn nerfus iawn.

Roedd ei stumog yn troi fel tasai hi ar reid mewn ffair. Roedd ei cheg yn sych, ac roedd hi'n dechrau chwysu. Roedd ei chalon yn curo fel drwm yn ei chlustiau.

Roedd hi mewn awyren. Yn hedfan uwchben y byd yng ngofal peilot profiadol (gobeithio!) a thri aelod arall o staff oedd yn gwneud eu gorau i ofalu bod pawb ar y daith o Fryste i Barcelona yn mwynhau eu hunain. Roedden nhw'n ceisio tynnu sylw'r teithwyr drwy gynnig bwyd a diod – 'Hoffech chi frechdanau, diod feddal, gwin?'

Yfwch, bwytewch, byddwch yn llawen! meddyliai Alaw. Efallai bod gan un o'ch cyd-deithwyr gyllell yn ei fag a'i fod, y munud yma, yn paratoi i ymosod ar un o'r staff. Anafu'r peilot a hedfan pawb i ebargofiant. Gwnewch y gorau o'r amser, bawb! *Have a nice day!*

twr (eg) tyrau	tower	*ceisio*	to try
Masnach y Byd	World Trade	*tynnu sylw*	to distract
disgyn	to fall	*cynnig*	to offer
dur (eg)	steel	*meddyliai*	thought
chwysu	to sweat	*cyd-deithwyr (ll)*	fellow-travellers
curo	to beat		
uwchben	above	*cyllell (eb)*	knife
gofal (eg)	care	*ymosod ar*	to attack
profiadol	experienced	*anafu*	to injure
Bryste	Bristol	*ebargofiant (eg)*	oblivion

Yn sydyn, ddwy res o'i blaen, cododd gŵr gwallt tywyll ar ei draed. Yr eiliad nesaf cododd y wraig oedd yn eistedd ar ei bwys o ar ei thraed hefyd. Sibrydodd hi'n uchel. 'Mae'n ddrwg gen i. Dw i eisiau mynd i'r lle chwech.' Ac wrth i'r gŵr eistedd i lawr eto, ochneidiodd Alaw'n uchel.

'Wyt ti'n iawn?' Cyffyrddodd Steffan yn ysgafn yn ei braich. 'Rwyt ti'n dawel ofnadwy.'

'Fedra i ddim dweud fy mod i'n teimlo fel canu ar y foment, Steffan! . . . Sori! Bydda i'n well pan fydd fy nhraed i'n ôl ar y ddaear.'

'Dwyt ti ddim wedi newid dy feddwl, felly? Wyt ti'n dal i feddwl fod hyn yn syniad da?'

'Wel, basen ni wedi bod yn ffyliaid i wrthod y cynnig.' (Ond tasai'r dewis gen i, Steffan, basai'n llawer gwell gen i fod gartre, allan yn yr awyr iach efo fy *sketch pad.* Yn tynnu lluniau o gymylau yn lle bod i fyny yma efo nhw.)

Roedd Alaw wedi digwydd taro ar Meleri, hen ffrind coleg iddi hi, rhyw ddau fis yn ôl. I lawr yng Nghaerdydd ar gyfer arddangosfa gelf roedd hi ac yn chwilio am rywle diddorol i gael cinio, pan glywodd hi lais cyfarwydd. 'Alaw? Sut wyt ti ers talwm! Wedi mentro i lawr o'r Gogledd oer? Oes gen ti amser am *snack*?'

---

rhes (eb)	row	*taro ar*	to stumble across
sibrwd (sibryd-)	to whisper		
ochneidio	to sigh	*arddangosfa gelf*	art exhibition
cyffwrdd (cyffyrdd-)	to touch	*cyfarwydd*	familiar
fedra i ddim (GC)	*Alla i ddim (DC)*	*ers talwm (GC)*	*ers llawer dydd (DC)*
dal i	still		
ffyliaid (ll)	fools	*mentro*	to venture
cynnig (eg)	offer		

Roedd Alaw'n teimlo tipyn yn swil ar y dechrau. Ond ar ôl gwydraid o win gwyn oer a salad pasta blasus dechreuodd hi ymlacio. Roedd Meleri'n gweithio i gwmni PR ym Mae Caerdydd erbyn hyn ac yn briod â Gwydion ers blwyddyn – 'sultan of spin arall!' Doedd Meleri ddim yn synnu bod Alaw'n gweithio fel artist ac roedd hi'n llawn syniadau am sut y basai hi'n gallu hybu ei hun a sefydlu busnes.

'Oes gen ti gariad y dyddiau 'ma?' gofynnodd Meleri'n ysgafn.

'Oes. Steffan – mae'n gweithio fel cynhyrchydd efo Teledu'r Tir. Nhw sy'n cynhyrchu'r rhan fwya o'r rhaglenni ar y celfyddydau. Dyna sut gwnaethon ni gyfarfod . . .'

'Steffan Llwyd! Dw i wedi siarad â fo ar y ffôn sawl gwaith. Ein cwmni ni oedd yn gyfrifol am yr ymgyrch hysbysebu i'r gyfres 'Artistiaid Bro' y llynedd! Wel, mae'r byd yn fach!'

Aeth yr awr heibio'n gyflym a dechreuodd Meleri hel ei phethau at ei gilydd cyn iddi hi ymweld â chleient yn Stryd y Santes Fair. Ar ôl i'r ddwy gyfnewid rhifau ffôn a chyfeiriadau, cerddon nhw i lawr tuag at y castell. Dechreuodd hi fwrw glaw yn ysgafn ac ochneidiodd Meleri wrth agor ei hymbarél: 'Mis Gorffennaf, wir! Roll on y gwyliau 'na yn Sbaen!'

swil	shy	*cyfrifol*	responsible
Bae Caerdydd	Cardiff Bay	*ymgyrch hysbysebu*	advertising campaign
synnu	to be surprised		
hybu	to promote	*cyfres (eb)*	series
sefydlu	to establish	*hel ei phethau*	gather her things
cynhyrchydd (eg)	producer	*at ei gilydd*	together
cynhyrchu	to produce		
celfyddydau (ll)	arts	*cyfnewid*	to exchange

'Pryd rwyt ti'n mynd?'

'Ganol Medi. Yr unig broblem yw bod y ddau oedd i fod i ddod gyda fi a Gwydion wedi newid eu meddyliau. Maen nhw newydd brynu tŷ yn Llandaf ac yn methu fforddio gwyliau a morgais, medden nhw. Ond 'dan ni ddim wedi canslo'r tocynnau eto. Ro'n ni'n meddwl gofyn i gwpl o ffrindiau . . . Hei! Faset ti a Steffan â diddordeb mewn dod efo ni? Wythnos mewn gwesty yn Barcelona ac wythnos mewn *apartment* mewn tref fach ar yr arfordir. Byddwn ni'n hedfan o Fryste.'

Doedd hi ddim yn gwybod beth i'w ddweud. Tybed? Oedden nhw'n medru fforddio mynd? Fasen nhw'n dod ymlaen â'i gilydd? Ond roedd y glaw a'r gwin, a'r cwestiwn yn llygaid ei ffrind, yn ei harwain i dderbyn: 'Pam lai? Basai'n braf cael tipyn o haul go iawn am newid. Diolch i ti! Ffonia i di.'

A dyna pam roedd Alaw'n hedfan uwchben Ewrop ganol Medi 2001, yn ceisio ei gorau glas i feddwl am yr awyren fel colomen wen yn ei chario i'r haul – yn hytrach nag eryr tywyll, llawn gwenwyn.

---

morgais (eg)	mortgage	*colomen (eb)*	dove
medden nhw	they said	*yn hytrach na*	rather than
arfordir (eg)	coast	*eryr (eg)*	eagle
arwain	to lead	*gwenwyn (eg)*	poison
go iawn	real		

2

'Dim ond awr arall a byddwn ni yno!'

Roedd Meleri'n gwenu ar Alaw ar draws yr ale gan bwyntio at ei watsh fach, ddrud. Wrth ei hochr roedd Gwydion yn darllen llyfr clawr meddal. Nid nofel wyliau ond llyfr ffeithiol am bapurau newydd. Doedd y ddau ddim yn edrych fel tasen nhw'n poeni o gwbl.

'Pam na alla i fod fel 'na?' meddyliai Alaw. Er bod y gwin wedi ei helpu hi i ymlacio am dipyn roedd meddwl am ben y daith ac am y glanio'n dechrau gwneud iddi hi chwysu unwaith eto. Roedd hi fel tasai pawb oedd yn teithio efo hi'n cuddio cyfrinachau a bod neb yn hollol fel roedden nhw'n ymddangos.

Edrychodd hi drwy gil ei llygad ar Meleri a Gwydion. Roedd llygaid Meleri ar gau. Roedd hi'n edrych fel tasai hi'n torheulo'n barod. Roedd gynni hi groen lliw olewydd a basai hi'n troi'n frown iawn yn gyflym. Roedd Alaw wedi dod â digon o hufen haul. Croen golau oedd gynni hi, ac er ei bod hi'n hoffi'r haul roedd yn rhaid iddi hi fod yn ofalus iawn wrth dorheulo.

Ceisiodd hi ddarllen ei llyfr taith ar Gatalonia. Wrth droi'r tudalennau roedd hi'n dychmygu crwydro

---

clawr (*eg*)	cover	cil (*eg*)	corner
ffeithiol	factual	torheulo	to sunbathe
glanio	landing, to land	croen (*eg*)	skin
cuddio	to hide	olewydd (*ll*)	olives
cyfrinachau (*ll*)	secrets	dychmygu	to imagine
yn hollol	exactly	crwydro	to wander
ymddangos	to appear		

strydoedd Barcelona a gweld adeiladau anhygoel Gaudi. Roedd hi'n edrych ymlaen hefyd at ymlacio ar y Costa Brava. Roedd hi'n hoffi sŵn rhamantus enwau'r traethau – Aiguablava, Tamariu, Calella de Palafrugell. I'r gogledd roedd bae Roses a Figueres, y dref lle cafodd Salvador Dalí ei eni.

Edrychodd Alaw ar Steffan. Ei lygaid brown. Ei wallt du, tonnog. Ei wefusau llawn dan y mwstash Mecsicanaidd. Gwenodd hi wrth ddychmygu ei weld o efo mwstash tenau, ecsentrig fel un Salvador Dalí.

'Wyt ti am rannu'r jôc?' gofynnodd o iddi hi.

Ond cyn iddi hi gael cyfle i esbonio dyma lais y capten: '*Ladies and gentlemen, we will be arriving in Barcelona shortly. We hope that you have enjoyed your trip . . .*'

Er ei bod hi wedi cau'r gwregys diogelwch yn dynn ar gyfer y glanio, doedd Alaw ddim yn teimlo'n ddiogel. Doedd clywed y peilot yn rhoi'r brêcs ymlaen ddim yn gysur, dim ond dychryn. Caeodd hi ei llygaid yn dynn ac aros. Roedd hi'n teimlo fel sgrechian. Fel chwydu. Fel tasai hi ar *big dipper* gwyllt. Roedd hi'n ceisio peidio â meddwl am y Ddau Dŵr yn syrthio fel pac o gardiau. A'r llwch . . .

Ac yna roedd popeth ar ben. Doedd hi ddim yn gallu credu bod ei thraed yn ddiogel ar y ddaear unwaith eto.

---

anhygoel	incredible	*diogel*	safe
tonnog	wavy	*cysur* (*eg*)	comfort,
gwefusau (*ll*)	lips		consolation
rhannu	to share	*dychryn* (*eg*)	fright
cyfle (*eg*)	opportunity	*chwydu*	to vomit
gwregys diogelwch	seat belt	*llwch* (*eg*)	dust
yn dynn	tightly		

Roedd ei choesau hi'n crynu wrth iddi hi godi i nôl ei bag llaw ac roedd ei phen yn dechrau troi. Ond roedd hi'n teimlo'n well ar ôl iddi hi adael yr awyren.

Wrth i'r pedwar gerdded allan o'r maes awyr roedd yr awel yn gynnes er ei bod hi'n wyth o'r gloch y nos. Roedd yr awyr yn binc ac yn lliwio ffenestri'r bysus mini oedd yn aros i gario teithwyr i ganol y ddinas. Wrth i Gwydion roi enw'r gwesty i'r gyrrwr ac wrth i Steffan gydio'n ofalus ynddi hi yn y bws, roedd Alaw'n gwybod y basai'r rhain yn wyliau i'w cofio. Diolch i Meleri.

---

crynu	to shake	*awel (eb)*	breeze
nôl	to fetch	*cydio*	to hold
maes awyr	airport		

3

Yn yr *Oriente* ar stryd enwog *La Rambla* roedden nhw'n aros. Roedd o'n westy llawn cymeriad. Roedd pobl yn dweud mai mynachod oedd yn byw yna ers talwm. Yn y rhan lle roedd y mynachod yn arfer byw yn dawel roedd ystafell ddawnsio swnllyd erbyn hyn. Roedd Meleri'n hoffi'r syniad.

'Dychmygwch nhw'n dawnsio'n wyllt i sŵn y castanéts, yn cicio eu coesau'n uchel i'r awyr!' meddai hi gan chwerthin. Roedd y pedwar ohonyn nhw'n eistedd yn yr awyr agored, yn un o'r *cafés* ar y *Rambla*. Roedden nhw newydd orffen eu cinio o bysgod a salad gyda photelaid o win *rosat* oer. Roedd digon o amser gynnyn nhw i wylio'r byd yn mynd heibio.

Er ei bod hi bron yn hanner awr wedi deg y nos, roedd hi fel canol dydd ar *La Rambla*. Ac roedd pobl yn dal i gyrraedd y *cafés* a'r tai bwyta o dan y coed i gael bwyd.

Roedd nos Sadwrn yn Barcelona yn noson i'r teulu. Yn wahanol iawn i Gaernarfon meddyliai Alaw. Gwahanol iawn i Gaerdydd hyd yn oed. Ac roedd bywyd yn edrych tipyn yn well nag oedd o rai dyddiau'n ôl. Roedd hi'n braf cael anghofio'r holl sôn am ryfel ac ymladd a theulu a ffrindiau colledig. Am y tro, beth bynnag.

---

cymeriad (*eg*)	character	*rhyfel* (*eg*)	war
mynachod (*ll*)	monks	*am y tro*	for the time
hyd yn oed	even		being

'I'r gwyliau!' meddai Gwydion wrth godi ei wydr. Cododd pawb eu gwydrau gwin. 'I'r gwyliau!' Roedd sŵn y gwydrau'n taro'n erbyn ei gilydd yn atgoffa Alaw o glychau ysgafn. Sŵn llawn gobaith.

'Be wnawn ni fory?' holodd Steffan. 'Hoffwn i fynd i weld un neu ddau o adeiladau Gaudi. Maen nhw'n dweud fod y *Sagrada Familia*, yr Eglwys Gadeiriol wnaeth e ei chynllunio, yn werth ei gweld.'

'Wn i ddim. Mae siopa'n apelio'n fwy ata i,' meddai Meleri. 'Dw i'n meddwl caf i fore bach diog yn crwydro'r stondinau ar hyd y *Rambla*. Beth wyt ti'n feddwl, cariad?'

Wedi pryd o fwyd a diod dda roedd Gwydion yn fwy na hapus i gytuno â'i wraig. 'Syniad ardderchog,' meddai fo gan redeg ei ddwylo drwy ei gwallt trwchus hi ac edrych i mewn i'w llygaid tywyll. 'Ond amser gwely rŵan. Dw i wedi blino'n lân. Ac os wyt ti'n sôn am siopa bore fory bydd angen llawer o egni arna i . . .!'

Roedd y pedwar mewn hwyliau da wrth iddyn nhw godi o'r bwrdd a dechrau cerdded yn ôl at y gwesty. Roedd hi'n dal yn gynnes wrth iddyn nhw grwydro o dan y coed.

Arhoson nhw am funud i edrych ar gerflun alabastr hardd o ddwy ferch. Un â'i llaw ar ysgwydd y llall a'r

---

taro	to strike	*diog*	lazy
atgoffa	to remind	*stondinau* (*ll*)	stalls
clychau (*ll*)	bells	*trwchus*	thick
gobaith (*eg*)	hope	*wedi blino'n lân*	exhausted
holi	to inquire	*angen* (*eg*)	need
eglwys gadeiriol	cathedral	*egni* (*eg*)	energy
cynllunio	to design	*mewn hwyliau da*	in a good mood
wn i ddim (*GC*)	I don't know	*cerflun* (*eg*)	statue
apelio at	to appeal to	*ysgwydd* (*eb*)	shoulder

ddwy yn edrych i lawr *La Rambla*, i gyfeiriad y cerflun o Columbus.

Yn sydyn, wrth iddyn nhw syllu ar y ddwy, rhoiodd un winc slei arnyn nhw a chododd y llall ei llaw. Sgrechiodd Alaw'n uchel. Yn sydyn, cofiodd hi am y llyfr taith: 'Mae llawer o artistiaid meim yn perfformio ar *La Rambla*.'

Wrth gwrs! Ond roedden nhw'n edrych yn union fel cerflun, yn eu gwisgoedd gwyn. Roedden nhw mor llonydd. Ac er iddi hi a'r tri arall sefyll yno am dipyn, yn ceisio eu denu i symud eto, wnaethon nhw ddim. Dim winc. Dim gwên. Roedd Alaw'n dechrau meddwl ei bod hi wedi bod yn breuddwydio. Nes iddi hi glywed twristiaid eraill y tu ôl iddyn nhw'n sgrechian wedyn wrth gael eu dychryn gan y 'cerflun'.

Gwenodd y pedwar ohonyn nhw wrth gerdded at y gwesty. Peth braf oedd bod yn rhan o'r jôc. Basen nhw'n gwybod beth i'w ddisgwyl yfory. Basen nhw'n barod am y syrpreis. Ond dydi bywyd ddim mor syml â hynny bob amser, fel roedden nhw i gyd yn mynd i ddarganfod.

---

syllu ar	to gaze at	*denu*	to coax
slei	sly	*gwên (eb)*	smile
yn union	exactly	*disgwyl*	to expect
llonydd	still	*darganfod*	to discover
er	although		

4

'Edrych ar y tyrau 'na! Mae'r *mosaics* ar y top yn union fel losin, fel lolipops coch!'

Roedd Steffan yn edrych ar dyrau'r *Sagrada Familia*, Eglwys y Teulu Sanctaidd, yn Barcelona. '*Europe's most unconventional church, the greatest work of the architect Gaudi,*' yn ôl y llyfr taith. 'Dechreuodd y gwaith adeiladu yn 1883 ac maen nhw'n dal i weithio arno fe! Edrych!'

Gwenodd Alaw. Roedd Steffan fel plentyn efo tegan newydd. Roedd e wrth ei fodd yn cael gweld adeilad mor hardd, mor wreiddiol. Roedd o eisiau gweld popeth ar unwaith.

'Beth am fynd i fyny'r tŵr yna yn y lifft i ddechrau? Basen ni'n gallu gweld cynllun yr eglwys i gyd a chael lluniau ardderchog o'r ddinas ar yr un pryd!'

Gafaelodd o yn llaw Alaw a dechrau cerdded at y lifft. Roedd hi'n teimlo braidd yn nerfus am ddringo tŵr ar y funud. Ac roedd y lifft yn fach ac yn boeth. Ond roedd yr olygfa'n wych ac aeth ei hofnau wrth iddi hi edrych i lawr ar ddinas Barcelona ac ar yr eglwys ryfedd yma.

Roedd yr eglwys yn rhyfeddod, fel yr artist meim. Roedd hi fel cragen, yn hardd ar y tu allan ond yn wag

losin (*ll*)	sweets	*braidd yn*	rather
yn ôl	according to	*golygfa* (*eb*)	view
tegan (*eg*)	toy	*rhyfeddod* (*eg*)	wonder
cynllun (*eg*)	design	*cragen* (*eb*)	shell
gafael yn	to take hold of		

mewn rhannau y tu mewn. Roedd yr adeiladwyr yn dal i weithio yno ac roedd Iesu Grist a'r angylion yn edrych i lawr arnyn nhw wrth iddyn nhw droi breuddwyd Gaudi'n ffaith.

'Hoffwn i wneud tipyn o sgetsys,' meddai Alaw. 'Iawn,' meddai Steffan. 'Af i i grwydro efo'r camera am dipyn. Dw i'n siŵr fod deunydd rhaglen deledu ddiddorol iawn yma. Gwela i di yma tua hanner dydd.'

Roedd hi wrth ei bodd yn sgetsio, yn ceisio cyfleu'r hyn roedd hi'n ei weld a chyfleu'r awyrgylch hefyd. Roedd yn well gynni hi wneud hynny na thynnu llun efo camera. Doedd hi ddim yn dda iawn yn gwneud hynny. Doedd hi ddim yn gallu fframio'r llun yn iawn. Roedd pobl yn colli eu pen neu eu coesau neu rywbeth bob tro. Roedd hyn yn dipyn o jôc gan Steffan.

Aeth yr awr heibio'n gyflym ac erbyn i Steffan gyrraedd yn ôl roedd hi wedi gwneud llawer o sgetsys. Roedd hi wedi tynnu llun o ran o'r *Nativity Façade*, un o'r teils mosäig ac un arall o dyrau'r eglwys efo dau graen mawr y tu ôl iddyn nhw. Y sgets 'ma roedd hi'n ei hoffi orau – a Steffan hefyd.

'Mae e'n llun mor ddramatig ac yn dweud popeth am y lle,' meddai fo. 'Bydd yn rhaid i ti ei baentio fe ar ôl mynd adre.'

'Hoffwn i weld y crypt cyn i ni fynd,' meddai Steffan wedyn. 'Mae Gaudi wedi cael ei gladdu yno,' meddai fo, wrth ddarllen y llyfr taith. Wrth glywed y gair

angylion (*ll*)	angels	*yr hyn*	that which
ffaith (*eb*)	fact	*awyrgylch* (*eg*)	atmosphere
sgetsys (*ll*)	sketches	*craen* (*eg*)	crane
deunydd (*eg*)	material	*claddu*	to bury
cyfleu	to convey		

'claddu' meddyliai Alaw am *Ground Zero* a'r miloedd oedd wedi cael eu claddu yno, dan y rwbel. Er ei bod hi'n fore cynnes yn Barcelona, crynodd hi wrth feddwl amdanyn nhw.

Roedd côr yn ymarfer yn y crypt pan aeth Alaw a Steffan yno. Wrth wrando ar y lleisiau'n canu rhan o *Requiem* Fauré, teimlodd Alaw y dagrau'n dod i'w llygaid. Hiraeth? Efallai. Teimlo'n ddigalon? Tipyn. Ofn? Roedd hi fel tasai hi'n teimlo cymaint o wahanol bethau ar y foment.

Goleuodd hi gannwyll yn yr eglwys cyn mynd allan eto i'r haul. Cuddiodd hi ei dagrau dan ei sbectol dywyll.

Yn nes ymlaen, dros ginio o *tapas* a chwrw, dechreuon nhw sgwrsio.

'Mwynhau?'

'Wrth fy modd – roedd e'n lwcus dy fod ti wedi mynd i Gaerdydd y diwrnod hwnnw a chyfarfod â Meleri. Neu basen ni wedi cael gwyliau haf ar y Costa del Gwynedd!'

'Dw i'n falch hefyd. Do'n i ddim yn siŵr iawn sut y basen ni'n dod ymlaen â'n gilydd. Ond gan dy fod ti wedi gweithio efo Meleri o'r blaen . . . Ac mae Gwydion yn foi iawn.'

'Ydi. Tipyn yn rhy *serious* weithiau ella. Mae e'n uchelgeisiol iawn. Rêl boi PR. Tipyn bach o *control freak . . .?*'

dagrau (ll)	tears	*cannwyll (eb)*	candle
digalon	depressed	*cyfarfod â (GC)*	*cwrdd â (DC)*
cymaint o	so many	*o'r blaen*	before
goleuo	to light	*uchelgeisiol*	ambitious

21

'Steffan!' meddai Alaw gan chwerthin. 'Dydi pawb ddim mor *laid back* â ti !'

'Ond, o ddifri, mae'n braf cael amser i ymlacio a gwneud dim ond crwydro lleoedd hardd yng nghwmni merch hardd a bwyta ac yfed . . . Mae'n braf cael cyfle i siarad. 'Dan ni wedi bod yn rhy brysur yn ddiweddar . . .'

'Hei! Sôn am amser. 'Dan ni wedi trefnu i weld Meleri a Gwydion am dri o'r gloch. Mae'n well i ni frysio!'

'Ie – neu bydd Alastair Campbell Cymru yn edrych ar ei watsh ac yn dweud y drefn os byddwn ni funud yn hwyr!' Gwenodd Steffan ar Alaw'n ddireidus.

---

o ddifri	seriously	*dweud y drefn*	to read the riot
sôn am	talking about		act
brysio	to hurry	*yn ddireidus*	mischievously

5

Roedd hi'n wythnos gŵyl y *Nostra Sanyora de la Mercè (Our Lady Of Mercy)* yn Barcelona. Fel rhan o'r ŵyl, roedd cyngherddau a dawnsio yn y stryd. Ond uchafbwynt yr wythnos oedd y carnifal, y *carrefoc*, ac wedyn y *piro musical*, sef tân gwyllt efo miwsig.

Roedd y pedwar wedi bod allan ar y stryd trwy'r prynhawn yn edrych ar y carnifal ac yn yfed coffi yn un o'r *pastelerías*, sef siop gacennau lle roedd yn bosib prynu paned. Roedden nhw'n falch o gael bod allan o'r sŵn a'r gwres am dipyn.

'Mmm . . . mae'r *tortitas* 'ma'n fendigedig!' meddai Meleri. Roedd hi newydd orffen bwyta cacen fach felys efo'i phaned ac yn amlwg wedi mwynhau pob darn ohoni.

'Wn i ddim lle rwyt ti'n ei roi o i gyd!' meddai Gwydion yn bryfoclyd. 'Taswn i'n bwyta cymaint â ti baswn i'n edrych fel Mr Blobby!'

Fasai fo byth yn edrych fel Mr Blobby meddyliodd Alaw. Roedd o'n edrych yn dipyn o *lean machine*, doedd dim owns o fraster arno fo, ac roedd hi wedi ei glywed o'n dweud wrth Steffan ei fod o'n mynd i'r *gym* yn aml.

---

cyngherddau (ll)	concerts	*darn (eg)*	piece
uchafbwynt (eg)	climax	*yn bryfoclyd*	provokingly
tân gwyllt	fireworks	*braster (eg)*	fat
gwres (eg)	heat		

Roedd hi'n gallu ei ddychmygu o yno, yn gwneud ei *workout* heb flino na chwysu gormod. Pob blewyn yn ei le.

'Wyt ti'n mynd i'r *gym*?' holodd hi Meleri. Chwarddodd Gwydion eto. 'Sawl gwaith est ti, cariad? Unwaith ar gyfer y sesiwn *induction* ac efallai unwaith wedyn!'

'Mae'n well gen i nofio – llai o waith caled – a dw i'n gallu anghofio am bopeth wrth nofio i fyny ac i lawr y pwll,' atebodd Meleri.

'Mae'n amlwg yn dy siwtio di beth bynnag,' meddai Steffan. Edrychodd Alaw arno fo. Doedd Steffan ddim yn dweud pethau er mwyn eu dweud nhw fel arfer. Ac roedd yn gas gynno fo ddynion oedd yn canmol merch yn ddifeddwl.

'Diolch Steffan! Nawr te! Oes rhywun eisiau cacen arall?' gofynnodd Meleri.

Roedd pawb yn cytuno y basai paned arall yn syniad da. A buon nhw'n sgwrsio yno dros baned am awr arall.

Roedd Gwydion a Meleri wedi bod yn gweld siop enwog *Vinçon* yn y *Passeig de Gràcia* yn y bore. Siop yn gwerthu popeth ar gyfer y tŷ oedd hi, deunyddiau hyfryd a dodrefn modern, *designer*.

'Baset ti'n dwlu ar y lle, Steffan,' meddai Meleri. 'Roedd e bron fel arddangosfa gelf.'

'A rhai o'r prisiau mor ddrud â lluniau Picasso!' meddai Gwydion.

---

blewyn (*eg*)	hair	*deunyddiau* (*ll*)	materials
chwarddodd	Gwydion	*dodrefn* (*ll*)	furniture
Gwydion	laughed	*dwlu ar*	to love
canmol	to praise	*bron*	almost
yn ddifeddwl	thoughtlessly		

'Ond, o ddifri, roedd y siop yn werth ei gweld,' meddai Meleri. 'Baswn i wedi gallu cysgu drwy'r dydd ar y *llit de matrimoni*, y gwely dwbl mawr oedd i fyny'r grisiau. Roedd e'n edrych mor gysurus, fel cwmwl ysgafn . . .'

Ac agorodd hi ei cheg ac ymestyn ei breichiau fel cath fodlon. Edrychodd Alaw ar Steffan. Doedd o ddim yn gallu tynnu ei lygaid oddi arni hi.

'Beth am symud ymlaen?' meddai hi. 'Beth am gerdded i lawr at y gwesty? Bydd hi'n amser i ni fynd i weld y tân gwyllt cyn hir.'

Erbyn hyn roedd y siopau wedi ailagor ac roedd *La Rambla*'n llawn o bobl. Llawer yn cael *tapas* efo cwrw neu win yn y *cafés* ar ddiwedd diwrnod gwaith. Roedd eraill, fel nhw eu hunain, ar eu gwyliau ac yn mwynhau crwydro heb unrhyw beth arbennig i'w wneud.

Ar ganol y stryd hir roedd stondinau efo toeau gwyrdd. Roedd llawer ohonyn nhw'n gwerthu papurau newydd a chylchgronau o wahanol rannau o'r byd. Roedd hi'n anodd peidio â sylwi ar y lluniau o'r ddau Dŵr yn llosgi yn Efrog Newydd. O bapur newydd Sbaen, *El País,* i *Aujourd 'Hui* Ffrainc, o'r *St Petersburg Times* i *USA Today*, yr un oedd y llun, yr un oedd y neges: '*El mondo en vilo*', '*Le Monde a peur*', '*US under attack*'.

Roedd y byd wedi newid er Medi 11 a doedd bywyd ddim mor sicr. Ond heno, yn Barcelona, roedd pobl eisiau dathlu hefyd. Ac roedd y ddau gwpl o Gymru

cwmwl (*eg*)	cloud	*cylchgronau* (*ll*)	magazines
ymestyn	to stretch	*sylwi ar*	to notice
bodlon	satisfied	*dathlu*	to celebrate
toeau (*ll*)	roofs		

eisiau dathlu efo nhw. 'I'r dyfodol!' medden nhw wrth iddyn nhw yfed eu gwin y noson honno.

Nes ymlaen, wrth wylio'r tân gwyllt yn dawnsio a chanu drwy'r awyr, roedd Alaw a Steffan, Meleri a Gwydion yn mwynhau sefyll yno a rhyfeddu fel plant, heb feddwl am ddim, dim ond ymateb i'r pethau roedden nhw'n eu gweld. Roedd popeth roedden nhw'n ei weld yn ymddangos yn syml ac yn hardd ac roedd problemau cymhleth ddoe ac yfory yn bell, bell i ffwrdd.

---

rhyfeddu	to marvel	*cymhleth*	complicated
ymateb	to respond		

6

Roedd gan Gwydion a Meleri falconi y tu allan i ffenestr eu hystafell nhw. Agorodd Meleri y ffenestr. Roedd *La Rambla*'n dal yn llawn o bobl ac ogla'r tân gwyllt yn dal yn amlwg ar yr awyr. Safodd Meleri ar y balconi ac edrych i lawr ar y stryd brysur.

Roedd ei llygaid hi'n sgleinio ac roedd y noson wedi deffro rhyw gyffro rhyfedd ynddi hi.

'Mel?'

Trodd Meleri a dweud wrth Gwydion am ddod ati hi i'r ffenestr. Gafaelodd o ynddi hi o'r cefn, rhoi cusan iddi hi ar ei gwddw, a rhoi ei ddwylo ar ei bronnau llawn, cynnes hi. Safodd y ddau ohonyn nhw'n dawel am dipyn yn gwrando ar y miwsig – roedd y ddau'n teimlo'r cyffro.

Ochneidiodd Meleri'n dawel wrth i Gwydion ddechrau datod ei dillad, gan ryddhau ei bronnau.

'Dw i'n dy garu di, Mel. Tyrd . . .'

Ac yna roedden nhw ar y gwely cyfforddus, yn mwytho a phlesio ei gilydd. Dechreuon nhw'n araf, ond roedd y ddau yn ei chael hi'n anodd i ddal yn ôl heno ac yn fuan roedden nhw wedi blino'n braf a'u cyrff nhw'n

---

ogla (*GC*)	*gwynt* (*DC*), smell	*datod*	to undo
sgleinio	to shine	*rhyddhau*	to free
deffro	to awaken	*mwytho*	to caress
cyffro (*eg*)	excitement	*dal*	to hold
bronnau (*ll*)	breasts	*yn fuan*	soon
		cyrff (*ll*)	bodies

sgleinio gan chwys. A'r golau o'r stryd yn sgleinio ar eu cyrff nhw.

'Hei! Mae'r ffenest yn dal ar agor!'

'Maen nhw'n gwneud cymaint o sŵn allan yna, fydd neb wedi clywed dim.'

'Gobeithio!'

Crwydrodd bysedd Gwydion drwy flew tywyll ei wraig ac yna rhoiodd ei law'n ysgafn ar ei bol.

'Ella mai Sbaenwr bach fydd o. Os 'dan ni'n llwyddo i greu babi basen ni'n medru ei alw fo'n Barcelona. Dilyn ffasiwn Posh a Becks . . .'

Eisteddodd Meleri i fyny'n sydyn yn y gwely. 'Dw i wedi dweud wrthot ti o'r blaen, Gwydion. Mae'r pethau 'ma'n cymryd amser. Dydi creu babi ddim fel mynd i siopa i Tesco. Dydi popeth mewn bywyd ddim mor drefnus â dy waith PR di.'

'Ond 'dan ni wedi bod yn ceisio ers misoedd rŵan . . .' Roedd sŵn dagrau yn llais Gwydion.

Cododd Meleri i fynd i'r tŷ bach. Wrth ei chlywed hi'n tynnu'r tsiaen yn ffyrnig roedd Gwydion yn gwybod fod hud y noson wedi ei dorri. Roedd o'n flin ei fod o wedi agor ei geg fawr. Tarodd o'r glustog ac yna gafael ynddi'n dynn. Pan ddaeth Meleri allan o'r tŷ bach roedd o'n edrych fel tasai fo'n rhoi cwtsh i fabi.

---

chwys (*eg*)	sweat	*hud* (*eg*)	magic
blew (*ll*)	hair	*blin*	sorry
creu	to create	*taro*	to strike
dilyn	to follow	*clustog* (*eb*)	cushion
trefnus	organised	*cwtsh* (*eg*)	hug
yn ffyrnig	violently		

7

'Bore da, Gwydion!'

'Ydi Meleri'n dal i gysgu?'

Roedd Steffan ac Alaw bron â gorffen eu brecwast pan ddaeth Gwydion i mewn i'r ystafell fwyta'r bore wedyn. Roedd o'n edrych wedi blino.

'Y . . . na . . . dydi hi ddim yn teimlo'n dda iawn y bore 'ma. Wedi yfed gormod o win neithiwr dw i'n meddwl . . .' Chwarddodd o'n nerfus.

'Sut 'dach chi'ch dau? Pa gynlluniau sydd gynnoch chi ar gyfer heddiw?' gofynnodd o gan rwbio ei lygaid.

'Dim byd arbennig,' meddai Alaw. 'Ro'n i'n meddwl gwneud ychydig o sgetsio. Hoffwn i dynnu lluniau rhai o adeiladau Gaudi – y *Casa Mila* a'r *Casa Batllò* – cyn i ni adael y ddinas fory. Beth amdanat ti, Steffan?'

'Dw i ddim wedi meddwl llawer am y peth a dweud y gwir.'

'Beth am i ni fynd i weld stadiwm pêl-droed *Barça*, y *Camp Nou*, Steffan?' meddai Gwydion. 'Gadael y genod efo'i gilydd. Cyfle iddyn nhw gael tipyn bach o *girlie talk*. Beth amdani?'

Edrychodd Alaw a Steffan ar ei gilydd.

'Beth wyt ti'n feddwl, Alaw?'

'Mae hynny'n iawn gen i.'

'Grêt!' meddai Gwydion yn edrych yn fwy hapus. 'Gad i mi yfed paned o goffi cryf i glirio fy mhen i

cynlluniau (*ll*)	plans	*efo'i gilydd*	together
genod (*ll*)	girls	*gad i mi*	let me

ddechrau a gwela i di nes ymlaen, Steffan. Wela i di tua deg o'r gloch?'

'Iawn! Gwela i di!'

Ar eu ffordd yn ôl i'w hystafell, ochneidiodd Steffan dan ei wynt. *'Girlie talk*, wir!'

'Paid â phoeni, Steffan! Mae o'n hoffi meddwl ei fod o'n dipyn o *macho male* weithiau. Dyna i gyd. Bydda i'n iawn.'

'Wyt ti'n hollol siŵr nawr?'

'Ydw.'

A bod yn hollol onest roedd hi'n edrych ymlaen at gael ychydig o amser iddi hi ei hun. Er mor braf oedd cael cwmni Meleri eto roedd hi'n anodd ymlacio'n llwyr pan oedd y pedwar ohonyn nhw i gyd efo'i gilydd. Dyna oedd y risg roedden nhw wedi ei chymryd wrth gytuno i ddod ar y gwyliau yn y lle cyntaf, wrth gwrs. Ond doedd hi ddim yn difaru, er gwaetha'r cymysgedd o emosiynau cymhleth roedd hi'n eu teimlo.

Cenfigen. Roedd gynni hi gywilydd meddwl mai dyna un emosiwn cryf roedd hi wedi ei deimlo weithiau yn ystod y dyddiau diwethaf. Fel hogan fach ysgol eto, yn cenfigennu wrth y merched pert yn y dosbarth. Ochneidiodd hi.

'Does dim rhaid i mi fynd, Alaw. Does gen i ddim llawer o awydd mynd i weld *Camp Nou* . . .'

Gwenodd hi. 'Steffan . . .'

'Iawn! Mae'n ddrwg gen i. Chwilio am esgus. Dyna i gyd.'

dan ei wynt	under his breath	*cymhleth*	complex
difaru	to regret	*cenfigen* (*eb*)	jealousy
er gwaetha	in spite of	*hogan* (GC)	merch
cymysgedd (*eg*)	mixture	*cenfigennu wrth*	to be jealous of
		esgus (*eg*)	excuse

'Gwn i. Cofia, bydd yn gyfle i ti gael dod i nabod Gwydion yn well. Ella y gwnei di fwynhau dy hun yn well nag wyt ti'n feddwl.'

'Falle . . .'

A chusanodd o hi'n ysgafn ar gefn ei gwddw cyn mynd i lawr at y dderbynfa i gyfarfod â Gwydion.

Dechreuodd Alaw hel ei phethau sgetsio at ei gilydd. Dylai hi fynd heibio i ystafell Meleri i weld sut roedd hi'n teimlo cyn iddi hi fynd allan i'r dref. Gweld a oedd hi eisiau unrhyw beth. Potelaid o ddŵr, parasetamol, cwmni . . .

Ond roedd rhywbeth yn ei dal hi'n ôl. Roedd hi eisiau cadw'r awr neu ddwy nesaf iddi hi ei hun, cael cyfle i feddwl. Roedd sgetsio i Alaw fel roedd nofio i Meleri – cyfle i wagio ei meddwl yn llwyr ac anghofio popeth.

Ac eto . . . Cyn iddi hi gael amser i ailfeddwl, gadawodd hi ei hystafell a dechrau cerdded yn gyflym i lawr y grisiau at y llawr cyntaf, at ystafell Meleri a Gwydion. Roedd hi'n mynd i gnocio ar y drws pan agorodd o'n sydyn.

'*Perdóneme Señorita* . . .'

Y wraig lanhau oedd yno, yn cario tyweli allan i'w golchi.

'*Señora* Morgan?'

Ysgwydodd y wraig lanhau ei phen. Edrychodd Alaw heibio iddi hi. Doedd Meleri ddim yn yr ystafell

gwn i	I know	*gwagio*	to empty
ella (GC)	*efallai*	*llawr* (*eg*)	floor
derbynfa (*eb*)	reception	*ysgwyd*	to shake

er bod ogla ei phersawr hi yno. Mae'n rhaid ei bod hi newydd fynd allan. Efallai ei bod hi wedi mynd gyda'r bechgyn.

Wrth iddi hi ddringo'n ôl i fyny i'w hystafell, roedd Alaw'n teimlo'n falch ac yn flin ar yr un pryd nad oedd Meleri yn ei hystafell. Am yr ail waith y bore hwnnw ochneidiodd hi'n uchel wrth iddi hi geisio rhoi trefn ar ei meddyliau cymysglyd.

---

persawr (eg)	perfume	*rhoi trefn ar*	to sort out
dringo	to climb	*meddyliau (ll)*	thoughts
ar yr un pryd	at the same time	*cymysglyd*	confused

d Alaw wedi rhannu hanes
Meleri ddim wedi dweud
i ei wneud. A doedd Alaw
hi ymhellach. Tasai hi eisiau
d hynny erbyn hyn.

aglen, neu gyfres deledu hyd
dai Steffan, yn dechrau mynd
yllfa'r iaith, yr arwyddion

n dros ddod yn ôl yma eto cyn
Cofia di amdana i os byddi di

wl am deitlau i raglenni teledu a
en nhw'n ei greu ar gyfer y
dyn nhw godi o'r bwrdd roedd
fo.

win yn pwyso ar stumog Alaw
roedd hi eisiau ei wneud oedd
yn gyfforddus a cheisio mynd i
Steffan syniadau gwahanol.
'n dawnsio ar hyd ei chorff hi, yn
hi, tu mewn i'w chluniau hi, yn

w o oddi yno. 'Dim rŵan, Steffan.

er	*pwyso ar*	to press on, to
tion		weigh on
s	*cyfan*	all
etera	*cyfforddus*	comfortable
romote	*cluniau (ll)*	thighs
at type of		

ar eu sgwrs nhw. Ond er b...
ei bore hi'n sgetsio, doedd...
dim am beth roedd hi we...
ddim yn teimlo fel ei holi...
dweud basai hi wedi gwne...

'Mae 'na botensial am...
yn oed, yn y lle yma,' me...
i hwyl. 'Ac mae sef...
dwyieithog ac ati . . .'

'Mae'n rheswm da iav...
hir,' meddai Gwydion. '...
eisiau hybu dy raglen di...

Dechreuon nhw fedd...
sut fath o PR y bas...
rhaglenni. Ac erbyn i...
tair potel win wag arno...

Roedd y pwdin a'r g...
erbyn hyn a'r cyfan...
ceisio gwneud ei hu...
gysgu. Ond roedd ga...

Roedd ei fysedd...
mwytho ei bronnau...
symud yn uwch . . .

Tynnodd hi ei la...
Dim heno.'

n...
b...

hi...
roed...
taflu...
Roed...
Gwy...
Doe...
stadiw...

---

gorwedd
mewn hwyl...

ymhellach
sefyllfa (eb)
arwyddion (ll)
ac ati
hybu
sut fath o

furth...
situa...
sign...
et c...
to...
wh...

Edrychodd o arni hi'n syn. Roedd golwg bell yn ei lygaid tywyll o.

'Tyrd, Alaw. Beth sy'n bod?'

'Wedi bwyta ac yfed gormod. Dyna i gyd. Bydda i'n teimlo'n well yn y bore . . .'

'Ond Alaw – ein noson ola ni yma . . .'

'Mae'n ddrwg gen i, Steffan.'

A thynnodd hi ei ben o i lawr ar ei mynwes a mwytho ei wallt o nes iddo fo ddechrau anadlu'n drymach ac yn fwy rheolaidd. Mewn munud neu ddau roedd o'n cysgu'n drwm.

Ond roedd Alaw'n effro am awr neu ddwy arall, yn ail-fyw'r noson, yn gwrando eto ar y sgwrsio a'r chwerthin, ac yn chwilio am ystyr yn y pethau nad oedd wedi cael eu dweud.

---

tyrd (GC)	*dere (DC)*	*rheolaidd*	regular
mynwes (eb)	bosom	*effro*	awake
anadlu	to breathe		

9

'Mae e'n syth allan o gerdyn post!' meddai Meleri gan edrych ar y bae bach o'u blaenau. Roedd hi'n gynnar yn y noson a'r haul yn isel yn yr awyr, yn taflu golau pinc, cynnes ar bopeth.

Roedden nhw wedi cyrraedd Llafranc, tref fach ar y Costa Brava, tua phum deg milltir i'r gogledd o Barcelona. Roedden nhw'n cerdded yn araf ar hyd y promenâd wrth ochr y traeth bach melyn. Tu ôl i'r promenâd, roedd y dref fach yn dringo i fyny dau fryncyn, lle roedd tai a fflatiau'n swatio ynghanol coed gwyrdd tywyll.

'Jest y lle i ymlacio ar ôl yr holl sŵn a'r symud yn Barcelona!' meddai Gwydion. 'A does dim cerflun nag eglwys gadeiriol i'w gweld am filltiroedd, diolch byth!'

Chwarddodd pawb. Roedd y pedwar ohonyn nhw'n edrych ymlaen at ddiogi ar y traeth am ddiwrnod neu ddau erbyn hyn. Wrth iddyn nhw deithio ar y trên o Barcelona i Girona, ac wedyn yn y car roedden nhw wedi ei logi yn Girona, dechreuodd pawb deimlo'n fwy ysgafn rywsut. Fel tasen nhw'n gadael eu gofalon nhw ar ôl yn y ddinas wrth iddyn nhw deithio i'r Costa Brava, i wlad yr 'arfordir gwyllt'.

Roedd y môr yn Llafranc yn edrych yn llonydd iawn heno, beth bynnag, a'r tonnau'n swnio mor ysgafn ag anadlu babi wrth iddyn nhw daro'r traeth. Er ei bod hi

o'u blaenau	in front of them	*diogi*	to laze around
bryncyn (eg)	knoll	*llogi*	to hire
swatio	to nestle	*gofalon (ll)*	worries, cares

tua saith o'r gloch y nos roedd rhai teuluoedd yn dal ar y traeth, yn mwynhau eu hunain tan y funud olaf. Roedd un bachgen bach yn gweiddi'n uchel wrth i ddŵr oer o'r 'gawod' fach ar y traeth lifo drosto fo ar ôl iddo fo ddod allan o'r môr. Lapiodd ei dad o wedyn mewn tywel meddal a'i godi fo ar ei ysgwyddau gan chwerthin.

Roedd dau blentyn arall yn dal i balu yn y tywod tra roedd eu mam yn mwynhau'r llonydd i orwedd ar ei thywel lliwgar, yn darllen llyfr clawr meddal tew. Dau fachgen henach yn cicio pêl, yn ceisio tynnu sylw dwy ferch oedd yn eistedd ar ymyl y prom gyda'u sgiliau trafod pêl.

'Diwrnod ar y traeth fory, felly?' gofynnodd Alaw wrth iddyn nhw gerdded yn ôl at yr *apartment.*

'Dim byd mwy cymhleth na hynny,' meddai Steffan, gan afael am ei chanol. 'Picnic ar y traeth, llyfr neu ddau, nofio nawr ac yn y man. A dim sôn am waith, a dim papurau newydd. Dw i'n addo.' A chusanodd o hi'n ysgafn.

Y tu ôl iddyn nhw roedd Alaw'n gallu clywed Meleri'n chwerthin yn dawel wrth i Gwydion sibrwd rhywbeth yn ei chlust hi. Roedd y sŵn yn ei hatgoffa hi o rwndi cath fodlon.

Ar ôl iddyn nhw gyrraedd yr *apartment* eisteddon nhw o gwmpas y bwrdd pîn yn y ffenestr yn edrych i lawr ar y sgwâr odanyn nhw. Goleuon nhw gannwyll ac agor potelaid o *cava* roedden nhw wedi ei phrynu yn Barcelona.

llifo	to flow	*nawr ac yn y man*	now and again
lapio	to wrap	*addo*	to promise
palu	to dig	*grwndi*	purring
tra	while	*odanyn nhw*	below them
trafod	to handle		

37

Roedd hi'n nos Sadwrn ac wrth iddi hi nosi roedd byrddau'r ddau fwyty yn y sgwâr yn llenwi. Roedd hi fel gwylio drama ac roedd y pedwar ohonyn nhw, yn eu ffordd eu hunain, yn mwynhau ei gwylio. Roedd pob un ohonyn nhw'n sylwi ar bethau gwahanol. Roedd Gwydion a Meleri'n tueddu i sylwi ar sut roedd pobl yn edrych, Alaw yn sylwi ar wynebau a siapiau diddorol a Steffan yn sylwi ar sut roedd pobl yn ymateb i'w gilydd.

Roedd hi'n gêm eithaf diddorol. Dychmygu pwy oedd yn eistedd wrth y byrddau, beth oedd eu hanes, pam eu bod nhw yno. Ond roedd y teithio, y gwres a'r *cava* wedi gwneud y ddau gwpl yn gysglyd ac roedd y pedwar ohonyn nhw'n ddigon parod i fynd i'r gwely yn gynnar y noson honno.

Wrth iddi hi syrthio i gysgu ym mreichiau Steffan roedd Alaw'n meddwl ei bod hi'n gallu clywed Meleri'n chwerthin ei grwndi bodlon eto. Ond pan wnaeth hi ddeffro'r bore wedyn a meddwl mwy am y peth doedd hi ddim yn gallu bod yn siŵr a oedd hi wedi ei chlywed hi go iawn neu wedi breuddwydio roedd hi.

---

byrddau (*ll*)	tables	*cysglyd*	sleepy
llenwi	to fill up	*go iawn*	real
tueddu	to tend		

10

Dim ond deg o'r gloch y bore oedd hi ond roedd y traeth yn dechrau llenwi'n barod. Roedd dŵr y môr yn glir a'r tywod yn gynnes o dan eu traed nhw.

'Diwrnod i'r brenin!' meddai Gwydion gan osod y *coolbox* i lawr a dechrau codi'r parasol coch roedd o wedi ei gario efo fo o'r *apartment.* Doedd Meleri ddim wedi cyrraedd eto. Roedd hi wedi penderfynu prynu gwely awyr rhad yn un o'r siopau ar y prom.

Roedd gan Alaw barasol hefyd, rhywbeth roedd rhaid iddi hi ei gael ar gyfer diwrnod ar y traeth. Roedd hi wedi dod â digon o hufen haul efo hi neu basai hi mor binc â chimwch erbyn diwedd y dydd. Roedd hi'n plastro'r hufen ymlaen pan gyrhaeddodd Meleri'r traeth – yn edrych fel tasai hi'n byw yno drwy'r flwyddyn.

Roedd Meleri'n gwisgo bicini du a *sarong* glas a gwyrdd o gwmpas ei chanol. Ar ei thrwyn roedd sbectol dywyll Chanel ac roedd ei chorff hi'n sgleinio gan olew haul. Sylwodd mwy nag un arni hi wrth iddi hi gerdded tuag atyn nhw ar y traeth. Roedd hi'n gwybod sut i wneud argraff meddyliai Alaw.

Cododd Steffan ei ben o'i lyfr wrth iddi hi gyrraedd a gwenu arni hi'n ddioglyd.

'Wel, bydd nofio yma'n llawer mwy diddorol na nofio i fyny ac i lawr y pwll adre,' meddai Meleri. 'Ond cyn hynny, tipyn bach o ddiogi gynta dw i'n meddwl.'

---

diwrnod i'r brenin	a fantastic day	*argraff (eb)*	impression
cimwch (eg)	lobster	*yn ddioglyd*	lazily
olew (eg)	oil		

Ac wedi iddi hi chwythu digon o awyr i mewn i'r gwely haul, rhoiodd hi ei thywel arno fo ac ymestyn allan yn yr haul, fel tasai hi'n gorwedd ar wely yn disgwyl am gariad.

Doedd Alaw ddim yn mwynhau ei llyfr. Doedd hi ddim yn gallu canolbwyntio. Tynnodd hi ei phad sgetsio allan ar ôl tipyn a cherddded at y creigiau er mwyn tynnu llun o'r traeth efo'r prom y tu ôl iddo fo.

Roedd hi'n hoffi siâp y coed oedd yn tyfu ar hyd y prom, y tai oedd yn cuddio rhwng y coed ar y bryn, a'r cychod yn dawnsio yn y bae.

Sylwodd hi fod Gwydion a Meleri'n nofio yn y môr erbyn hyn a bod Meleri'n gwthio'r gwely awyr o'i blaen yn y dŵr. Roedd Gwydion yn nofio y tu ôl iddi hi, yn ceisio ei thynnu hi i lawr i'r dŵr.

Roedd y ddau'n rasio ac roedd Alaw'n gallu eu clywed nhw'n chwerthin yn uchel wrth iddyn nhw symud fel morloi drwy'r dŵr.

'*Perdóneme Señorita . . .*'

Doedd Alaw ddim wedi sylwi ar y dyn canol oed oedd yn ceisio cyrraedd y traeth dros y creigiau y tu ôl iddi hi.

'*Es bueno!*' meddai fo gan bwyntio at y llun roedd hi newydd ei sgetsio, a gwenu. '*Bueno.*' Da iawn. A dangosodd o'r pad sgetsio oedd gynno fo o dan ei fraich. Troi'r tudalennau a dangos ei waith o iddi hi. Roedd o wedi tynnu llawer o luniau o'r arfordir gan ddefnyddio lliwiau llachar.

---

chwythu	to blow	*cychod* (*ll*)	boats
ymestyn	to stretch	*morloi* (*ll*)	seals
canolbwyntio	to concentrate	*dangos*	to show
creigiau (*ll*)	rocks	*llachar*	bright

Ond roedd hi wedi sylwi ar un llun yn arbennig. Tref fach glan y môr arall oedd o, yn llawn o adeiladau gwyn ac eglwys fach yn y canol a mynydd tywyll y tu cefn iddo fo i gyd.

'*Dónde*?' holodd hi. Ble?

'Cadaqués,' meddai fo.

Doedd hi ddim yn gallu siarad digon o Sbaeneg i'w holi o ond roedd hi'n gwybod yr enw. Dyma'r dref a ddaeth yn enwog ar ôl i Salvador Dalí adeiladu tŷ i lawr y ffordd, yn Port Lligat. Roedd hi wedi darllen amdano fo pan oedd hi yn y coleg ac roedd hi wedi clywed ei fod o'n lle gwerth ei weld. Buodd o'n lle poblogaidd iawn efo artistiaid ar un amser ac roedd arddangosfa o waith Dalí a Picasso yno.

Dwedodd hi enwau'r ddau artist a nodiodd y dyn ei ben. '*Excelente!*' Trwy gyfrif efo'i fysedd, roedd o'n gallu dweud wrthi hi pa mor bell oedd tref Cadaqués o Llafranc.

Yna, yn sydyn, dyma fo'n tynnu'r dudalen efo'r llun o Cadaqués arni hi allan o'r pad sgetsio a'i rhoi iddi hi. '*Por favor . . .*'

'*Grazias!*'

Ac yna, wedi codi ei law arni hi, cerddodd o i lawr at y traeth ac edrychodd hi arno fo'n mynd, nes iddo fo ddiflannu i ganol y bobl oedd yn mwynhau'r haul canol dydd.

Erbyn iddi hi gyrraedd yn ôl at y tri arall roedden nhw wedi agor y *coolbox* ac yn mwynhau potelaid o gwrw oer bob un.

| *poblogaidd* | popular | *cyfrif* | to count |

Cynigiodd Steffan botelaid iddi hi. 'Gwaith sychedig ydi sgwrsio efo dynion diarth ar draethau Sbaen!' meddai Gwydion gan chwerthin. Roedd blas da ar y cwrw. Doedd hi ddim wedi sylweddoli pa mor sychedig roedd hi.

Dangosodd hi'r llun o dref Cadaqués iddo fo. 'Baswn i wrth fy modd yn mynd i'r lle yna,' meddai hi. 'Mae'n werth ei weld.'

'Dw i'n siŵr, cariad. Ond nid am ryw ddiwrnod neu ddau arall eto. Tyrd yma i gwtshio dan y parasol gyda dy hen Gymro cariadus nawr!'

Mae'n rhaid ei bod hi wedi syrthio i gysgu achos y peth nesaf glywodd Alaw oedd sŵn ffôn symudol Steffan yn canu yn ei chlust hi. Doedd Steffan ddim yno. Roedd o wedi benthyg gwely awyr Meleri ac yn diogi arno fo ar y dŵr. Roedd Gwydion a Meleri'n chwarae pêl ymhellach i lawr y traeth.

Roedd rhaid iddi hi ateb yr hen ffôn swnllyd. Tynnodd hi'r ffôn allan o waelod y bag traeth. Roedd hi'n teimlo fel tasai hi'n breuddwydio.

'Helô, ydi Steffan yna?'

'Pwy sy'n siarad?'

'Richard, golygydd y rhaglen *Celf Heddiw*. Mae'n ddrwg gen i eich poeni chi. Roedd Steffan yn dweud y basai hi'n iawn i mi ffonio tasai problem yn codi. Dw i

---

sychedig	thirsty	*syrthio*	to fall
dynion diarth	strangers	*benthyg*	to borrow
blas (eg)	flavour	*gwaelod* (eg)	bottom
sylweddoli	to realise	*breuddwydio*	to dream
cwtshio	to snuggle	*golygydd* (eg)	editor
cariadus	loving, amorous		

eisiau cael gair efo fo am olygu un o'r eitemau ffilmiodd o cyn mynd i ffwrdd. Mae tipyn o frys mae gen i ofn.'

Fel arfer, meddyliai Alaw.

'Dydi o ddim yma ar hyn o bryd. Gwna i ofyn iddo fo eich ffonio chi'n ôl. Ydi'ch rhif chi gynno fo?'

'Ydi. Pryd bydd o'n ffonio?'

'Pan wna i gael gafael arno fo. Hwyl rŵan.'

Yna, ar ôl ei ddiffodd, taflodd hi'r ffôn yn ôl yn y bag. Roedd hi'n teimlo'n ddi-hwyl. Ar yr un pryd teimlai hi ei choesau'n dechrau pigo a sylweddolodd hi'n sydyn eu bod nhw wedi dechrau llosgi tra oedd hi'n cysgu.

Penderfynodd hi adael y traeth a chwilio am gysgod. Gadawodd hi neges i Steffan ar un o dudalennau ei phad sgetsio a'i adael o ar y tywel o dan y parasol: *Wedi mynd i gael cysgod o'r haul am dipyn. Richard wedi ffonio – eisiau i ti ei ffonio fo cyn gynted ag sy'n bosib. Alaw.*

Roedd crwydro o dan gysgod y coed mor braf ar ôl gwres yr haul ac roedd awel ysgafn wedi dechrau codi. Dechreuodd Alaw gerdded yn fwy cyflym wrth iddi hi feddwl am gael yr *apartment* iddi hi ei hun am dipyn.

---

golygu	to edit	*di-hwyl*	out of sorts
brys (eg)	hurry	*pigo*	to sting
cael gafael ar	to get hold of	*cysgod* (eg)	shade
diffodd	to turn off	*awel* (eb)	breeze

11

Roedd y pedwar ohonyn nhw ar eu ffordd i Cadaqués. Ar ôl cael cyfle i ymlacio am ddiwrnod neu ddau roedd Alaw wedi llwyddo i berswadio'r tri arall i ddod efo hi i weld y dref oedd wedi apelio cymaint ati hi yn llun yr artist ar y traeth.

'Gwylia'r corneli 'ma, Gwydion!' meddai Meleri. 'Faswn i ddim yn hoffi syrthio dros y dibyn 'na!'

Roedd y ffordd i fyny o dref Roses am Cadaqués yn serth iawn. Ac roedd y wlad yn hollol wahanol i'r ffordd i fyny'r arfordir o Llafranc. Roedden nhw yng nghanol bryniau erbyn hyn, yn dringo, dringo o hyd.

Roedd Steffan yn eithaf tawel. Doedd pethau ddim wedi bod yn dda iawn rhyngddyn nhw ers y drafferth am y nodyn am alwad ffôn Richard roedd Alaw wedi ei adael iddo fo ar y traeth.

Erbyn i'r tri arall gyrraedd yn ôl o'r traeth y pnawn hwnnw roedd hi wedi anghofio am y peth. Doedd hi ddim yn teimlo'n dda iawn ar ôl iddi hi losgi ei choesau yn yr haul a doedd Steffan ddim wedi sôn am y peth o gwbl.

Ond y bore wedyn, pan roddodd Steffan y ffôn ymlaen roedd o leiaf tair neges arno fo gan Richard. Roedd hi'n amlwg ei fod o'n flin ac yn methu deall pam nad oedd Steffan wedi galw.

dibyn (*eg*)	precipice	*trafferth* (*eb*)	trouble
serth	steep	*nodyn* (*eg*)	note
o hyd	all the time	*galwad ffôn*	phone call
rhyngddyn nhw	between them	*o leiaf*	at least

'Wn i ddim ble mae dy feddwl di weithiau!' meddai Steffan.

'Ond gwnes i adael nodyn i ti . . .'

'Pa nodyn?'

Sylweddolodd hi'n sydyn fod yr awel wedi cipio'r nodyn oddi ar y traeth.

'A pham wnest ti droi'r ffôn i ffwrdd?'

'Do'n i ddim eisiau ei adael o ymlaen a neb yno i edrych ar ei ôl o.' (Ac ro'n i eisiau llonydd, eisiau i ti anghofio am dy waith am dipyn, meddyliai hi'n dawel.)

'Pam ar y ddaear na wnest ti ddim dweud rhywbeth yn lle diflannu?'

'Ro'n i wedi llosgi yn yr haul . . .'

A buon nhw'n ffraeo nes i Gwydion alw arnyn nhw fod swper yn barod.

Edrychodd hi ar Steffan rŵan. Roedd hi'n amhosib dweud beth roedd o'n ei feddwl. Roedd hi wedi ceisio popeth, wedi gadael llonydd iddo fo, wedi ceisio ei gael o i siarad. Ond yr unig adeg roedd o'n dangos unrhyw fath o deimlad oedd pan oedd Meleri'n sgwrsio, yn tynnu ei goes o, yn dweud rhywbeth digri. A doedd hynny ddim yn para'n hir. Roedd ei wên o'n diflannu mor gyflym â winc slei.

''Dan ni wedi cyrraedd!'

O'i blaen hi gwelodd hi Cadaqués, tref fach o adeiladau gwyn. Ar ôl gyrru mor hir ar hyd y ffordd droellog, roedd hi'n anodd credu eu bod nhw'n mynd i

cipio	to snatch	*gadael llonydd i*	to let be
i ffwrdd	off	*digri*	humorous
diflannu	to disappear	*para*	to last
ffraeo	to argue	*troellog*	winding

gyrraedd tref enwog. Ond roedd yr olygfa'n werth y daith. Roedd Alaw'n edrych ymlaen at gael crwydro'r lle roedd hi wedi ei weld mewn llun yn unig hyd yn hyn.

'Baswn i'n medru mwrdro panad o goffi!' meddai Gwydion. Daethon nhw o hyd i *café* ar y sgwâr oedd yn wynebu'r môr. Wrth ymyl y *café* roedd cerflun o Dalí, roedd ei gefn o at y môr, yn gorffwys yn bryfoclyd ar ei ffon. Roedd y cerflun yn edrych yn llawn o'r hwyl oedd yn gymaint rhan ohono fo a'i waith.

Roedd Alaw wrth ei bodd, ac am y tro cyntaf ers iddi hi a Steffan ffraeo, roedd hi'n edrych ymlaen at y diwrnod.

Ar ôl iddyn nhw adael y *café*, penderfynodd y ddau gwpl wahanu am dipyn. Roedd Meleri a Gwydion eisiau gweld y siopau bach *exclusive* wrth y sgwâr, tra penderfynodd Steffan ac Alaw fynd i weld yr hen dref ac Eglwys Santa Maria.

'Does dim syndod bod Dalí wedi disgrifio'r lle 'ma fel y 'pentre mwya hardd yn y byd',' meddai Alaw wrth edrych i lawr o'r eglwys ar yr harbwr naturiol o'u blaenau nhw. Roedd y môr yn sgleinio, fel tasai fo'n llawn o ddiemwntau gwyn, ac roedd y cychod hwylio'n dawnsio'n ysgafn ar wyneb y dŵr.

Gafaelodd Steffan yn ei llaw hi. 'Mae'n ddrwg gen i fy mod i wedi bod mor ddiflas,' meddai fo. 'Basai hi wedi bod yn well taswn i ddim wedi rhoi rhif fy ffôn i Richard. Ond rwyt ti'n gwybod fel y mae hi gyda'r gwaith . . .'

---

hyd yn hyn	so far	*diemwntau (ll)*	diamonds
gwahanu	to separate		

'Mae'n ddrwg gen i, hefyd. Dylwn i fod wedi cofio dweud wrthot ti. Ond dw i ddim wedi bod yn meddwl yn glir iawn yn ddiweddar. Mae hi'n anodd, rywsut, gan ein bod ni efo'r ddau arall drwy'r amser . . .'

'Tyrd yma.' A chusanodd o hi'n eiddgar. Y tu ôl iddyn nhw roedden nhw'n gallu clywed rhywun yn dweud: '*A! Bonito, bonito!*'

A gan chwerthin, aeth y ddau ohonyn nhw i mewn o'r haul i gysgod yr eglwys.

---

yn eiddgar eagerly

12

Ar ôl mwynhau cinio Eidalaidd yn un o'r bwytai ar lan y dŵr, roedd y pedwar ohonyn nhw wedi cerdded i'r *Centre d'Art Perrot-Moore* yn y dref.

Roedd hi fel cerdded i ganol breuddwyd ecsotig. Roedd rhai gweithiau gan Dalí yno, a lluniau gan Picasso hefyd. Ar y llawr isaf roedd ystafell fawr oedd wedi ei gosod allan fel theatr, mewn lliwiau coch cynnes. Lluniau gan Picasso oedd yno yn bennaf, a rhywfaint o waith gan Dalí.

Ond gwaith rhyfedd Dalí oedd yn llenwi'r ystafelloedd ar y llawr cyntaf. Roedd Alaw wrth ei bodd yn edrych ar rai o'i lyfrau sgetsio fo pan oedd o'n hogyn bach. Yno hefyd roedd lluniau o'i watsys 'meddal' enwog a cherfluniau o ferched gyda bronnau noeth efo torth o fara ar eu pennau.

'Mae'n rhaid ei fod o allan o'i ben ar gyffuriau'r rhan fwya o'r amser!' meddai Gwydion. 'Edrych ar hwn!' A phwyntiodd at gerflun bach o Venus de Milo gyda droriau agored yn y lle dylai ei bronnau a'i stumog hi fod.

Gwenodd Steffan wrth wrando ar sylwadau Gwydion. Mewn rhan arall o'r arddangosfa roedd Meleri ac Alaw'n edrych ar luniau hologram ac yn rhyfeddu ar sut roedden nhw'n newid siâp ac ystyr mor

yn bennaf	mainly	*torth* (*eb*)	loaf
rhywfaint	a certain	*cyffuriau* (*ll*)	drugs
	amount	*droriau* (*ll*)	drawers
hogyn (*eg*) (*GC*)	bachgen	*sylwadau* (*ll*)	remarks

gyflym. Roedden nhw'n edrych fel un peth ar un munud, a'r eiliad nesaf roedden nhw wedi newid yn hollol. Chwarae mig efo'r holograms oedden nhw pan ddaeth Steffan a Gwydion i chwilio amdanyn nhw.

'Mae'n braf gweld bod rhywrai'n mwynhau eu hunain yma beth bynnag!' meddai Steffan. 'Allan i'r haul nawr. Dw i'n meddwl bod Gwydion wedi cael digon o ddiwylliant am heddiw!'

Doedd Alaw ddim yn barod i adael eto a threfnodd hi gyfarfod â'r tri arall o dan y goeden fawr wrth y brif sgwâr mewn tua hanner awr.

Ar ei ffordd yn ôl o'r amgueddfa, pasiodd Alaw lawer o siopau'n gwerthu *memorabilia* wedi eu seilio ar waith Dalí. Stopiodd hi o flaen un siop lle roedd posteri o Abraham Lincoln gan Dalí. Roedd o wedi ei wneud allan o lawer o luniau bach. O edrych ar y llun o bell, pen Lincoln roeddech chi'n ei weld. Ond wrth i chi ddod yn agosach ato fo, roeddech chi'n gallu gweld ei fod o hefyd yn llun o ferch noeth. Gwraig Dalí, Gala, oedd hi. Roedd hi'n edrych allan ar y môr lle roedd yr haul yn machlud yn oren a melyn llachar.

Prynodd Alaw ddau o'r posteri. Ar waelod y poster roedd o'n dweud fod y llun gwreiddiol i'w weld yn Teatre-Museu (*Theatre Museum*) Dalí yn Figueres, y dref lle cafodd o ei eni. Roedd o'n swnio'n lle anhygoel yn ôl llyfr taith Alaw: '*A truly surrealist experience . . . An 'open work', susceptible to multiple readings and*

---

chwarae mig	to play peep-bo	*noeth*	naked
diwylliant (*eg*)	culture	*machlud*	to set
wedi eu seilio	based	*llachar*	bright

interpretations, perhaps comparable to an endless set of Russian dolls.'

Doedd hi ddim eisiau gadael Catalonia heb fynd i weld y lle rhyfeddol yma. Rhywsut neu'i gilydd, basai'n rhaid iddi hi geisio perswadio'r tri arall i fynd yno efo hi. Ond sut . . .?

---

rhywsut neu'i gilydd   somehow or other

13

Doedd dim llawer o waith perswadio ar Steffan a Meleri yn y diwedd. Ond roedd dwy awr o Dalí wedi bod yn ddigon i Gwydion ac, er i Meleri geisio ei berswadio fo i fynd efo nhw i Figueres, roedd o eisiau treulio gweddill y gwyliau ar y traeth. Doedd o ddim eisiau gweld mwy o waith Dalí, diolch yn fawr iawn.

Felly, yn lle aros yn yr ardal y noson honno, gyrron nhw'r pedwar deg milltir yn ôl i Llafranc a threfnu i fynd i Figueres ymhen dau ddiwrnod. Hwnnw fyddai diwrnod olaf eu gwyliau nhw.

'Bydd yn gyfle i ni siopa am ychydig o anrhegion hefyd,' meddai Meleri wrth iddyn nhw drafod eu cynlluniau ar y daith yn ôl o Cadaqués.

'Rheswm da arall pam ei bod hi'n well i mi beidio â dod yno efo ti!' meddai Gwydion.

Jôc oedd o i fod, ond roedd Alaw'n meddwl ei bod hi'n gallu clywed rhyw galedwch yn ei lais o ar yr un pryd. Edrychodd hi ar Meleri ond doedd hi ddim fel tasai hi wedi sylwi bod dim o'i le.

Roedd hi wedi bod yn ddiwrnod llawn a hir ac roedd Alaw wedi blino erbyn hyn. Er ei bod hi'n nosi roedd hi'n dal yn gynnes. Agorodd hi ffenestr gefn y car ac roedd yr awel yn teimlo fel adenydd iâr fach yr haf ar ei hwyneb poeth hi.

---

treulio	to spend	*adenydd* (*ll*)	wings
gweddill (*eg*)	remainder	*iâr fach yr haf*	butterfly
o'i le	amiss		

Wrth i'r car ddilyn y ffordd droellog yn ôl i Llafranc, roedd hi'n gallu clywed darnau o sgwrs Meleri a Steffan ynghanol ei breuddwydion.

'St Tropez Sbaen . . .'

'Syrpreis rownd pob cornel . . .'

'Dawn anhygoel . . .'

'Dim byd yn union fel mae o'n edrych ar yr olwg gynta.'

Ac yng nghanol ei breuddwyd hi hefyd roedd set o ddoliau Rwsiaidd yn gwenu'n wirion arni hi. Wrth edrych arnyn nhw'n fwy manwl, ei hwyneb hi ei hun a rhai Steffan, Meleri a Gwydion oedd yn edrych yn ôl arni hi. Roedd un yn cuddio o dan y llall, a'r nesaf o dan yr un arall. Dro ar ôl tro. Roedd o'n llun oedd yn mynnu aros yn ei meddwl hi am amser hir wedyn.

---

dawn (*eb*)	talent	*dro ar ôl tro*	time after time
yn wirion	inanely	*mynnu*	to insist
manwl	detailed, close		

14

'Dw i'n dy garu di, Mel.'

'Dw i'n dy garu di hefyd, Gwydion'

'Pam na wnei di aros efo fi fory? Gadael i'r ddau arall fynd i weld yr holl *Art* rwtsh 'na yn Figueres? Baswn i'n medru gwneud i ti deimlo fel brenhines, dy sbwylio di'n llwyr.'

'Paid â lolian!'

'Meddylia pa mor braf y basai i ni gael yr *apartment* i ni ein hunain. Basen ni'n medru aros yn y gwely'n hwyr neu garu'n wyllt ar ben y bwrdd brecwast. Wyt ti'n cofio Jack Nicholson a Jessica Lange?'

'Gwydion!'

'Tyrd! Baset ti wrth dy fodd. Meddylia. Baswn i'n dy gusanu di yn y fan yma, ac wedyn i lawr yn y fan yma, dy fwytho di tipyn bach yn y fan yma, dy garu di yma, ac yna . . .'

'Mmmm . . .'

'Rwyt ti'n gweld, baset ti wrth dy fodd . . .'

'Ond dw i wedi addo . . .'

'Ond dw i'n siŵr y basai Alaw a Steffan yn hoffi cael tipyn o amser iddyn nhw eu hunain hefyd . . . Tyrd yma. Edrych arna i. Gafael yna i.'

'Gwydion . . .'

'Rho gusan i fi. Tyrd. Paid â throi dy gefn arna i, Mel.'

'Paid Gwydion! Rwyt ti'n brifo!'

---

rwtsh (eg)	rubbish	*addo*	to promise
lolian	to joke		

'Mel . . . dw i dy isio di cymaint. Pa mor hir mae hyn yn mynd i bara? Mel . . .?'

*   *   *

'Dw i'n dy garu di, Alaw.'

'Dw i'n dy garu di hefyd, Steffan.'

'Wyt ti'n edrych ymlaen at fory?'

'Yn fawr iawn. Dw i'n siŵr y bydd o'n brofiad ffantastig.'

'Dwyt ti ddim yn meindio fod Meleri'n dod hefyd?'

'Na . . .'

'Wyt ti'n siŵr?'

'Hollol siŵr.'

'Ambell waith dw i wedi teimlo . . .'

'Beth?'

'Dy fod ti'n meddwl fy mod i'n mwynhau ei chwmni hi ormod . . .'

'Na . . .'

'Mae hi'n ferch ddiddorol iawn, yn ferch hardd iawn. Ond ti dw i'n ei charu, Alaw. Rwyt ti'n gwybod hynny. Neb arall.'

'Dw i'n gwybod. Na, mae'n ddrwg gen i Steffan. Dw i ddim wedi bod yn teimlo'n dda iawn y dyddiau diwetha 'ma a dweud y gwir. Steffan – do'n i ddim wedi meddwl sôn am y peth nes o'n i'n hollol siŵr. Ond dw i'n meddwl fy mod i'n disgwyl babi. Dw i bron i fis yn hwyr . . .'

'Alaw? Ond pam na faset ti wedi dweud rhywbeth? Mae'n newyddion anhygoel!'

---

profiad (eg)   experience

'Dw i'n teimlo mor ansicr.'

'Dwyt ti ddim yn teimlo'n rhy dda ar y funud, mae cymaint o bethau wedi bod yn digwydd y dyddiau diwetha 'ma. Byddi di'n teimlo'n well unwaith y byddwn ni nôl gartre, cei di weld.'

'Ella . . .'

15

Er bod Steffan, Alaw a Meleri wedi cyrraedd yr Amgueddfa yn Figueres yn eithaf cynnar, roedd rhes o bobl yn disgwyl i fynd i mewn yn barod. Ond roedd digon i dynnu eu sylw wrth iddyn nhw sefyll yno yn yr haul. A'r cyfan yn rhoi syniad iddyn nhw o'r hyn oedd o'u blaenau wedi iddyn nhw gerdded drwy ddrws yr amgueddfa anghyffredin yma.

Y tŵr o setiau teledu oedd wedi tynnu sylw Steffan yn syth. Un deg pedwar ohonyn nhw i gyd, ac ar y copa roedd cerflun o wyneb merch gan Dalí. Roedd camera teledu wedi ei osod yn ei phen hi ac roedd hi'n bosib gweld llun o'r awyr uwchben ar un o'r monitors ar y tŵr.

Ar y balconi uwchben y brif fynedfa roedd cerfluniau o bedair merch – Y Tynghedau (*The Fates*). 'Edrychwch – maen nhw i gyd yn gwisgo *baguettes* ar eu pennau!' meddai Meleri gan chwerthin. 'Galla i ddychmygu beth fasai Gwydion yn ei ddweud am hynny!'

'Off 'i ben!' meddai Steffan gan ddynwared llais Gwydion. Chwarddodd y tri ohonyn nhw.

Y cerflun yn y canol oedd wedi tynnu sylw Alaw. Dyn mewn siwt ddeifio a'i ben mewn powlen bysgodyn. Mae'n debyg fod Dalí wedi gwisgo siwt debyg tra'n rhoi darlith yn Arddangosfa'r *International*

rhes (eb)	row	*mynedfa (eb)*	entrance
anghyffredin	unusual	*dynwared*	to imitate
copa (eg)	summit		

Surrealist yn Llundain yn y tridegau. Symbol o sut roedd hi'n bosib plymio i'r isymwybod oedd y cerflun. Er nad oedd hi eisiau plymio'n rhy ddwfn i'r cyfeiriad yna ar y funud, roedd Alaw'n edrych ymlaen at weld beth oedd Dalí wedi ei ddarganfod yn ei isymwybod o.

Doedd dim llawer o amser i aros erbyn hyn. Cyn hir, roedden nhw wedi talu ac yn cerdded drwy ddrysau gwydr, eu dolenni wedi cael eu gwneud allan o ddau hen haearn smwddio.

Roedd rhyfeddodau ym mhob ystafell. O'r eryr mawr yn gwisgo coron aur ar ei ben i'r llun *Anthropomorphic bread*, torth o fara oedd yn edrych yn debyg iawn i bidlen 'effro'. Roedd llun o Picasso efo cragen fel clust a llwy hir yn dal mandolin yn dod allan o'i geg, a llun lliwgar yn null Picasso, *The Barcelona Mannequin*.

'Mae'n gwneud i fy mhen i droi!' meddai Alaw. A dweud y gwir roedd hi'n teimlo tipyn yn benysgafn gan nad oedden nhw wedi cael llawer o gyfle i gael unrhyw beth i'w fwyta na'i yfed ers amser. Penderfynon nhw y basai'n syniad da mynd allan i gael rhywfaint o awyr iach.

Dyna sut y daethon nhw at *The Rainy Cadillac*, cerflun wedi ei osod yng nghanol llecyn agored yn agos i neuadd arddangos fawr lle roedd y to gwydr crwn enwog. Darllenodd Steffan o'r llyfr am yr amgueddfa. 'Cadillac oedd yn perthyn i Dalí a'i wraig, Gala, ydi o,'

plymio	to dive	*pidlen 'effro'*	erect penis
isymwybod (*eg*)	subconsciousness	*cragen* (*eb*)	shell
gwydr	glass	*llwy* (*eb*)	spoon
dolenni (*ll*)	handles	*penysgafn*	dizzy
haearn smwddio	iron	*llecyn agored*	open space
eryr (*eg*)	eagle	*crwn*	round
coron aur	gold crown		

meddai fo. 'Buon nhw'n gyrru o gwmpas America ynddo fo sawl gwaith.'

Roedd Meleri yn ei hoffi'n fawr iawn. 'Edrychwch! Mae hi'n bwrw glaw y *tu mewn* i'r car!' meddai hi. Roedd Alaw wedi blino gormod i symud o'r fainc roedd hi wedi eistedd arni hi. Chwiliodd hi am y botelaid o sudd oren oedd gynni hi yn ei bag.

Roedd Steffan a Meleri'n pwyntio at wahanol bethau ar y 'cerflun' anhygoel. Ar fonet y car roedd cerflun mawr o wraig dywyll ei chroen efo bronnau mawr iawn a thethi aur. Y tu ôl i'r car roedd twr wedi ei greu allan o lawer o deiars tractor. Ar ben y twr roedd cwch wedi ei osod ben uchaf isaf, ac yn hongian o'r cwch roedd dafnau mawr o 'ddwr môr' wedi eu lliwio'n las llachar. Gwenodd Alaw wrth ddarllen yn y llyfr fod Dalí wedi llunio'r mowld i greu'r dafnau hyn allan o gondoms.

Yn y cefndir roedd cerddoriaeth yn chwarae ac yn rhan o'r gerddoriaeth roedd swn clychau. Clychau eglwys y plwyf nesaf oedden nhw, yr eglwys lle cafodd Dalí ei fedyddio, yn ôl y llyfr. Roedd y cyfan, a swn y dwr, yn gwneud i Alaw deimlo fel cysgu a chaeodd hi ei llygaid am dipyn. Ond er y basai hi wrth ei bodd yn cysgu am funud neu ddau roedd cyffro'r lle fel tasai fo'n ei gyrru hi ymlaen a dilynodd hi'r ddau arall yn ôl i mewn i'r amgueddfa.

Wrth iddyn nhw gerdded i mewn i'r neuadd fawr, gwenodd Alaw'n llydan wrth iddi hi weld y llun

---

mainc (*eb*)	bench	*cefndir* (*eg*)	background
tethi (*ll*)	nipples	*plwyf* (*eg*)	parish
pen uchaf isaf	upside down	*bedyddio*	to baptise
dafnau (*ll*)	drops	*dilyn*	to follow
llunio	to form		

gwreiddiol o Abraham Lincoln – yr un oedd ar y poster a brynodd hi yn Cadaqués – yn hongian ar y wal gyferbyn â hi. Roedd hud y lle rhyfedd yma yn dechrau cydio ynddi hi.

---

hud (eg)   magic

16

'Wyt ti'n gweld? Fel wyt ti'n dod yn agosach, mae'r llun o Lincoln yn diflannu a beth sydd yn y canol ydi llun o Gala, gwraig Dalí, yn edrych allan ar y machlud dros y môr! Edrych wedyn wrth ei choes chwith hi a gweli di lun bach arall ohoni hi ac un o Lincoln hefyd.'

Roedd Alaw wedi darllen am y llun wedi iddi hi brynu'r poster ac yn gwybod beth i chwilio amdano fo.

'Clyfar iawn!' meddai Steffan. 'Ond mae'n well gen i edrych ar y llun o bell er mwyn cael gweld y portread o Lincoln. Beth amdanat ti, Meleri?'

'Ie . . . mae'n braf cael gweld y llun yn gyfan o bell ond dw i'n hoffi'r syrpreis hefyd pan wyt ti'n dod yn agosach – a'r ffaith mai merch sydd yng nghanol y llun wrth gwrs!' meddai hi'n bryfoclyd.

'*Wimmin rule OK*!' meddai Steffan gan rowlio ei lygaid a chymryd arno fo ei fod o'n cael cam.

'Paid â lolian! Rwyt ti wrth dy fodd yn cael cwmni dwy o'r merched harddaf, mwya diddorol, yn y lle 'ma!' meddai Meleri.

'Wna i ddim dadlau efo hynny!' meddai Steffan gan godi ei ddwylo o'i flaen gystal â dweud ei fod o'n gwybod pryd roedd hi'n amser i roi'r gorau i ddadlau efo unrhyw ferch.

---

machlud (*eg*)	sunset	*lolian*	to talk rubbish
portread (*eg*)	portrait	*cystal â*	as good as
cymryd ar	to pretend	*rhoi'r gorau i*	to give up
cael cam	to be wronged		

Wrth eu gwylio nhw'n tynnu coes ei gilydd fel hyn, roedd Alaw'n clywed ei hun yn dweud: 'Wyt ti'n cofio'r llun wnes i ei baentio ohonot ti, Meleri?'

'Beth?'

'Y llun wnes i ohonot ti ar gyfer fy nghwrs gradd.'

'O . . . ie . . . Beth amdano fe?'

'Mae o dal gen i. Faset ti'n hoffi ei gael o? Rhywbeth i gofio'r hen amser?'

'Y . . . baswn. Basai hynny'n braf. A dweud y gwir dw i ddim yn cofio llawer amdano fe.'

'Nag wyt ti?'

'Do'n i ddim yn gwybod dy fod ti wedi paentio llun o Meleri,' meddai Steffan. 'Dw i ddim yn cofio ei weld e . . .'

'Mae'n ddogfen hanesyddol erbyn hyn, Steffan – llun o'r cyfnod pan o'n i'n ifanc ac yn ffôl,' meddai Meleri.

'Ond . . .' meddai Alaw.

'Hei! Dewch!' meddai Meleri ar ei thraws. 'Beth am i ni fynd i weld stafell Mae West y pen arall i'r neuadd? Maen nhw'n dweud ei bod yn werth ei gweld!'

Roedd llawer o bobl yn aros i fynd i mewn i weld yr ystafell arbennig yma ac roedd rhaid sefyll mewn rhes wrth i bobl ddringo'r grisiau cul er mwyn edrych i lawr ar yr ystafell.

cwrs gradd	degree course	*pen (eg)*	end
dogfen hanesyddol	historical document	*neuadd (eb)*	hall
		grisiau (ll)	stairs
cyfnod (eg)	time, period	*cul*	narrow
ffôl	foolish	*er mwyn*	in order to
ar ei thraws	interrupting her		

O edrych i lawr drwy lens arbennig ar dop y grisiau roedd yr ystafell yn edrych fel wyneb Mae West. Roedd soffa ar siâp gwefusau, rhywbeth oedd yn edrych fel *headboard* gwely, y tu ôl iddo a dau lun ar y wal y tu ôl i'r cwbl. Dyna ble roedd y gwefusau, y trwyn a'r llygaid. Yn ffrâm o gwmpas y lens roedd wig felen fawr oedd yn cwblhau'r 'darlun'.

Roedd hi'n dywyll a chynnes yno ac wrth sefyll yng nghanol y dorf roedd Alaw'n teimlo ei phen hi'n dechrau troi. Rhwng y gwres a'r bobl a'r ffaith nad oedd hi wedi bwyta llawer y bore hwnnw, roedd hi'n ei chael hi'n fwyfwy anodd cadw ei llygaid ar agor. Roedd clychau'n canu yn ei chlustiau a'r gwres yn bygwth ei mygu . . .

Llais Meleri yn gweiddi ei henw oedd y peth olaf iddi hi ei glywed wrth iddi hi syrthio i'r llawr.

---

gwefusau (*ll*)	lips	*bygwth*	to threaten
cwblhau	to complete	*mygu*	to suffocate
darlun (*eg*)	picture	*gweiddi*	to shout
fwyfwy	more and more		

17

Roedd hi'n ddechrau Mai, y dydd wedi dechrau ymestyn, yr awel yn gynnes a'r môr yn taro'n ysgafn, rhythmig ar y traeth o danyn nhw.

'Fydda i ddim yn hir iawn eto,' meddai Alaw. 'Dw i'n siŵr dy fod ti wedi cael digon!'

'Mae hi'n well nag oedd hi'r mis diwetha,' meddai Meleri. 'Wyt ti'n cofio'r drafft oer 'na oedd yn chwyrlïo o gwmpas fy ysgwyddau i bryd hynny?'

Roedd hi'n eistedd yn y ffenestr bae yn ystafell Alaw'n edrych i gyfeiriad y môr. Roedd yr haul yn disgyn i mewn i'r môr ac roedd yr awyr uwchben yn goch ac yn binc. Roedd wyneb Meleri'n gynnes gan y machlud, ac roedd yr haul yn chwarae mig rhwng tonnau naturiol ei gwallt hir hi.

Roedd ei gwallt tywyll hi'n llifo dros ei hysgwyddau noeth ac yn edrych yn drawiadol yn erbyn y gynfas wen roedd hi'n ei gwisgo.

'Diolch i ti am gytuno i eistedd i mi,' meddai Alaw, ei hwyneb hi'n ymlacio am funud neu ddau wrth iddi hi edrych i fyny o'r llun i edrych ar ei ffrind.

'Wel, os yw e'n help i dy radd di . . .'

'Mae o wedi bod yn help mawr. Dim pawb fasai wedi bod yn fodlon.'

'Dw i wedi mwynhau a dweud y gwir,' meddai Meleri. 'Mewn rhyw ffordd od bydda i'n colli'r

chwyrlïo	to whirl	trawiadol	striking
bryd hynny	at that time, then	cynfas wen	white canvas
tonnau (ll)	waves	gradd (eb)	degree
llifo	to flow		

sesiynau yma o flaen y ffenest. Rhaid i mi ddweud – dw i wedi gweld nifer o bobl – a phethau – diddorol iawn o'r ffenest 'ma!'

'Ac mae gen i syrpreis bach i ti heno hefyd,' ychwanegodd hi, gan dynnu potel litr o win coch allan o dan y gynfas. 'Rhywbeth i ddathlu gan dy fod di'n gorffen y llun heno.'

'Grêt! Mae gen i gwpl o bizzas yn y rhewgell,' meddai Alaw a chwarddodd hi wrth glywed ei stumog yn gweiddi fel llew wrth edrych ymlaen at y wledd.

Er bod y gwin yn rhad, ac er bod y pizzas yn fargen o'r archfarchnad leol, roedden nhw mor flasus â phryd o fwyd pum seren wrth i'r ddwy ohonyn nhw ddechrau bwyta ymhen tua awr. Wnaethon nhw ddim defnyddio cyllyll a ffyrc, dim ond bwyta'r pizzas efo'u bysedd a llowcio'r gwin fel tasen nhw ar dagu.

Wrth iddi hi yfed y gwin roedd Alaw'n teimlo ei chorff hi'n dechrau ymlacio. Roedd Meleri'n falch o gael symud ar ôl eistedd mor llonydd, ac roedd hi'n cerdded o gwmpas yr ystafell gan fwyta ac yfed ar yr un pryd. I fyny ac i lawr. I fyny ac i lawr.

'Meleri. Rho'r gorau iddi hi! Rwyt ti'n gwneud i fy mhen i droi!' meddai Alaw ar ôl rhyw hanner awr o hyn. 'Eistedd i lawr am funud!'

Ac yna roedd Meleri wrth ei hochr, y ddwy ohonyn

---

sesiynau (*ll*)	sessions	*bargen* (*eb*)	bargain
nifer (*egb*)	number	*seren* (*eb*)	star
ychwanegu	to add	*cyllyll a ffyrc*	cutlery
rhewgell (*eb*)	freezer	*llowcio*	to gulp
llew (*eg*)	lion	*ar dagu*	about to choke
gwledd (*eb*)	feast	*corff* (*eg*)	body

nhw'n pwyso'n erbyn cefn y soffa, y ddwy ohonyn nhw'n edrych allan ar y môr oedd yn sgleinio gan olau'r lleuad erbyn hyn.

'Iechyd da i ti, Alaw, a diolch am gael bod yn fodel i artist fydd yn enwog trwy'r byd ryw ddiwrnod!' meddai Meleri gan daflu ei phen yn ôl wrth chwerthin fel cath fodlon.

'Iechyd da!' meddai Alaw, ei llygaid hi wedi eu hoelio ar wddw hardd ei ffrind.

Wrth iddi hi syllu arni hi, yn sydyn teimlodd hi wefusau Meleri'n cyffwrdd â'i rhai hi – mor ysgafn ag adenydd iâr fach yr haf i ddechrau ac yna'n galetach, yn fwy taer. Roedd Alaw'n ymladd am ei gwynt ac roedd ei meddwl hi'n troi, a'i synhwyrau ar chwâl yn llwyr.

'Meleri . . .'

'Shh . . .' Ac yna roedd hi'n gafael yn Alaw, yn codi ei siwmper hi'n araf dros ei phen a'i dwylo cynnes hi'n dal bronnau noeth Alaw. 'Mor fach a thaclus!' Yn cyffwrdd â nhw'n ysgafn, ysgafn. Ei bysedd hir yn eu hanwesu nhw a'i gwefusau a'i thafod hi'n lapio am eu blaenau tyn, ei gwallt hi fel llenni ar draws ei hwyneb.

'Meleri . . .' O ryw bellter mawr, roedd Alaw yn clywed ei hun yn ochneidio'n uchel.

'Gafael yna i, Alaw. Paid ag ofni!'

---

pwyso	to lean	*synhwyrau* (*ll*)	senses
lleuad (*eb*)	moon	*ar chwâl*	scattered
hoelio	to transfix	*taclus*	tidy
hardd	beautiful	*anwesu*	to fondle
syllu ar	to gaze at	*lapio*	to lap
cyffwrdd â	to touch	*blaenau* (*ll*)	tips
adenydd (*ll*)	wings	*llenni* (*ll*)	curtains
taer	earnest		

Ac estynnodd Meleri am ei llaw hi a'i gwahodd hi i gyffwrdd yn y man cynnes, dwfn o dan ei ffrog denau. Roedd meddalwch ei chorff hi'n ddieithr ar y dechrau ac roedd Alaw'n teimlo fel tasai hi'n edrych arni hi ei hun mewn drych. Ac eto, roedd hi fel tasai hi'n gwybod yn reddfol beth i'w wneud ac roedd gwrando ar ei ffrind yn ochneidio ei henw wrth iddi hi gyffwrdd â hi yn y tywyllwch yn deffro rhyw gyffro rhyfedd ynddi hi.

Cysgodd y ddwy'n drwm wedyn, wedi eu lapio yn yr un gynfas wen ag oedd Meleri wedi ei gwisgo pan oedd Alaw'n paentio ei llun o wythnos i wythnos.

Deffrodd y ddwy yng nghanol y nos i glywed y glaw'n chwipio yn erbyn y ffenestr. Roedden nhw'n crynu gan oerfel, ond yn lle cydio'n dynnach yn Alaw cododd Meleri a dechrau hel ei phethau at ei gilydd.

'Gwell i mi fynd.'

'Aros tan y bore. Ella y bydd y storm wedi pasio erbyn hynny.'

Ond roedd hi'n benderfynol o fynd. Gwisgodd hi heb roi'r golau ymlaen a ffarwelio ag Alaw, ond nid cyn iddi hi ei chusanu'n ysgafn ar ei thalcen hi'n gyntaf.

'Mae'n ddrwg gen i dy adael di fel hyn, Alaw.'

Roedd gweddill y tymor yn brysur rhwng paratoi ar gyfer yr arholiadau, sefyll yr arholiadau a'r dathlu

---

estyn	to reach	*drych* (*eg*)	mirror
gwahodd	to invite	*yn reddfol*	instinctively
man (*eg*)	place	*deffro*	to awaken
dwfn	deep	*cyffro* (*eg*)	excitement
ffrog (*eb*)	dress	*chwipio*	to lash
meddalwch (*eg*)	softness	*penderfynol*	determined
dieithr	strange	*talcen* (*eg*)	forehead

wedyn. Er i Alaw a Meleri weld ei gilydd tipyn yn y cyfnod hwnnw, roedden nhw bob amser yng nghwmni pobl eraill ac erbyn i'r arholiadau ddechrau roedd Meleri wedi dechrau mynd allan efo'r boi oedd yn gweithio y tu ôl i'r bar yn yr Undeb.

Pan gafodd Alaw radd 2(i), gwnaeth Meleri'n siŵr fod ei chariad newydd hi'n rhoi gwin coch mawr iddi hi am ddim ar noson y dathlu. Ond wedi gadael y coleg welon nhw ddim llawer ar ei gilydd wedyn, ar wahân i ambell Eisteddfod – nes iddyn nhw gyfarfod ar hap yng Nghaerdydd yng Ngorffennaf.

---

ar wahân i	apart from	*ar hap*	by chance
ambell	the occasional		

18

'Meleri? . . .'

'Shh . . .'

Roedd ei hwyneb hi'n nofio o'i blaen – fel rhith yn
un o luniau Dalí. Roedd pen Alaw'n brifo ac roedd hi'n
meddwl ei bod hi'n gallu clywed sŵn tonnau, ond wrth
iddi hi ddod ati ei hun yn araf dechreuodd hi sylweddoli
lle roedd hi.

Yn yr amgueddfa yn Figueres oedden nhw, wrth
gwrs. Roedd rhywun wedi ei rhoi hi i orwedd ar soffa
mewn swyddfa fach ac yno, yn edrych arni hi'n
bryderus, roedd Steffan a Meleri.

'Rhoist ti dipyn o ofn i ni nawr!' meddai Meleri.

Roedd llaw Steffan yn chwyslyd ar ei braich hi. 'Wyt
ti'n well nawr, cariad?'

Caeodd hi ei llygaid eto. Roedd hynny'n haws na
wynebu'r meddyliau a'r teimladau cymysglyd oedd yn
troi yn ei phen hi.

'Bydd hi'n iawn yn fuan, cei di weld,' meddai
Steffan. 'Does dim rhaid i ti aros yma nawr, Meleri.
Gwnawn ni gyfarfod â ti nes ymlaen.'

'Wyt ti'n siŵr?'

'Perffaith siŵr. Rwyt ti eisiau prynu anrhegion.
Arhoswn ni yma am dipyn, chwilio am rywbeth i'w
fwyta . . . Gwelwn ni di wedyn.'

Agorodd Alaw ei llygaid.

'Ond ro'n i eisiau dangos llun Gala i ti, Meleri.'

---

rhith (eg)	illusion	*chwyslyd*	sweaty
yn bryderus	anxiously	*haws*	easier

'Dw i wedi ei weld o. Wyt ti'n cofio? Yng nghanol y llun o Lincoln.'

'Na – yr un arall. Yr un arall . . .'

'Paid â phoeni nawr . . . Gwela i di nes ymlaen.'

Ac i ffwrdd â hi gan adael ogla ei phersawr yn hongian yn yr awyr.

Ceisiodd Alaw godi ei hun i fyny o'r soffa ac er bod ei phen hi'n nofio am eiliad neu ddau, llwyddodd i sefyll ar ei thraed a gwneud ei ffordd, tipyn yn simsan, allan o'r swyddfa ac i'r awyr iach, yn ôl at y *Rainy Cadillac.*

'Awn ni i edrych am *café* lle gallwn ni fwyta dan barasol mawr yn yr awyr agored,' meddai Steffan. 'Byddi di'n teimlo'n well ar ôl cael rhywbeth i'w fwyta ac yfed.'

'Na – y llun o Gala. Plîs, Steffan. Duw a ŵyr pryd y byddwn ni yma eto, os o gwbl. Baswn i' n licio ei weld o. Plîs . . .?'

Ac wrth weld ei llygaid hi'n llenwi a chlywed y cryndod dieithr yn ei llais cytunodd Steffan, er ei fod o'n poeni amdani hi'n cerdded mwy o gwmpas yr amgueddfa. Rhwng popeth roedd Steffan yn eithaf sicr bod Alaw'n disgwyl plentyn. Ar wahân i'r ffaith nad oedd hi'n teimlo'n dda, roedd hi'n emosiynol iawn hefyd.

Yr hormonau dieithr yng nghorff Alaw gafodd y bai gan Steffan yn nes ymlaen hefyd pan gyrhaeddon nhw'r llun o wraig Dalí, Gala – *Gala Nude from Behind Looking in an Invisible Mirror.* Wrth iddi hi edrych ar y llun roedd y dagrau'n llifo'n dawel i lawr ei hwyneb hi.

---

simsan	wobbly	*cryndod* (*eg*)	tremor
Duw a ŵyr	God knows		

Yn y llun roedd Gala â'i chefn at yr artist, yn edrych allan ar ddrych, ei hysgwyddau a'i chefn hi'n noeth. Ond roedd gweddill ei chorff wedi ei lapio mewn cynfas wen. Roedd ei gwallt tywyll hi'n tonni o gwmpas ei hysgwyddau.

---

tonni   to billow

19

Noson olaf y gwyliau. Er bod y pedwar ohonyn nhw wedi meddwl cael pryd o fwyd hamddenol yn y bwyty lleol, penderfynon nhw yn y diwedd gael noson dawel a phryd bach syml yn yr *apartment*.

Rhwng popeth doedd dim llawer o hwyl ar y sgwrsio. Erbyn iddyn nhw gyrraedd yn ôl o Figueres roedd meddwl Gwydion yn amlwg yn dechrau troi yn ôl at ei waith. Roedd America'n sôn am fomio Afghanistan ac roedd o'n llawn o'r newyddion. Er bod Bush wedi bod yn siarad am y peth ers dyddiau roedd hi'n amlwg fod rhywbeth yn mynd i ddigwydd cyn hir. 'Pryd?' ac nid 'Os?' oedd y cwestiwn mawr erbyn hyn.

Ar ôl yr hyn oedd wedi digwydd yn yr amgueddfa roedd Alaw'n dal i deimlo'n eithaf gwan a blinedig ac roedd hi'n hollol fodlon i'r tri arall sgwrsio. Ond roedden nhw'n amlwg yn dechrau blino hefyd.

Ar ôl tipyn aeth hi'n dawel o gwmpas y bwrdd bwyd efo pawb yn eu byd bach eu hunain, yn syllu ar beth oedd yn weddill o'r pryd bwyd – briwsion bara, tipyn o omlet, ychydig o salad blinedig yng ngwaelod y bowlen.

'Ceiniog amdanyn nhw!' Gwydion oedd y cyntaf i dorri ar y tawelwch, wrth gwrs. Yng nghanol bwrlwm a sŵn roedd o fwyaf hapus ac roedd unrhyw dawelwch yn gwneud iddo fo deimlo'n nerfus.

---

hamddenol	leisurely	*bwrlwm (eg)*	activity
briwsion (ll)	crumbs		

'Ydi pawb wedi mwynhau'r gwyliau?' Roedd o wedi yfed eithaf tipyn o win erbyn hyn ac roedd rhyw dôn ymosodol yn ei lais o – a thipyn o ansicrwydd o dan y *bravado* hefyd meddyliai Alaw.

'Ydan,' meddai Steffan. 'Fasen ni fyth wedi meddwl am deithio mor bell eleni oni bai bod y merched wedi cyfarfod . . .'

'Ie, roedd hynny'n beth ffodus. Iechyd da i'r merched!' atebodd Gwydion gan godi ei wydr gwin gwag a'i chwifio yn yr awyr.

'Dw i wedi mwynhau'r cwmni, beth bynnag,' meddai fo wedyn. 'Gobeithio nad ydan ni'n dau wedi'ch mwydro chi ormod. Mae mynd ar wyliau efo cwpl arall yn medru bod yn dipyn o gambl. Yn enwedig os nad ydach chi'n nabod eich gilydd yn rhy dda.'

'Ond dyna fo. Dydi'r merched ddim yn ddieithr i'w gilydd, wrth gwrs. Roedd hynny'n help i dorri'r garw er bod y ddwy ohonoch chi'n dawel iawn heno.'

'Mae hi wedi bod yn ddiwrnod hir, Gwydion,' meddai Meleri.

'Dydi hi ddim fel ti i redeg allan o stamina mor fuan yn y noson, cariad,' meddai fo'n goeglyd. 'Gwnes i dy rybuddio di am y perygl o gael gormod o ddiwylliant heddiw yn'do?'

'Gad hi, Gwydion.'

'Wedi colli dy synnwyr digrifwch hefyd? Wel, wel . . .'

---

tôn (eb)	tone	*torri'r garw*	to break the ice
ymosodol	aggressive	*yn goeglyd*	sarcastically
oni bai	if it weren't	*diwylliant (eg)*	culture
ffodus	fortunate	*yn'do?*	didn't I?
chwifio	to wave	*gad hi*	drop it
mwydro	to bewilder	*synnwyr digrifwch*	sense of humour

'Gad hi.'

Edrychodd Steffan ac Alaw ar ei gilydd a dechreuon nhw godi o'r bwrdd.

'Beth sydd? Methu handlo'r gwres?' holodd Gwydion.

'Wedi blino, dyna i gyd,' meddai Steffan 'Dylen ni feddwl am ddechrau pacio. Bydd rhaid i ni gychwyn am Barcelona'n gynnar bore fory, ac ar ôl i Alaw lewygu . . .'

'Wyt ti'n dechrau mynd yn feddal hefyd, Alaw? Beth wnawn ni efo chi i gyd deudwch? Mae hi fel bod efo criw ar wyliau *Saga*, wir!'

O edrych yn ôl ar y munudau nesaf, yr hyn oedd yn aros yng nghof Alaw oedd yr olwg ar wynebau Gwydion a Meleri pan ddatgelodd hi ei newyddion wrthyn nhw. Gwneud hynny oedd y peth olaf ar ei meddwl hi ar y pryd a dweud y gwir. Ond roedd rhywbeth am y ffordd roedd Gwydion wedi bod yn siarad, yn pigo, pigo fel hen geiliog blin ac yn gwawdio Meleri. Ac roedd hi wedi blino cymaint . . .

'Dw i'n disgwyl babi a dweud y gwir wrthot ti, Gwydion. Dyna pam llewygais i heddiw. Dyna pam dw i eisiau mynd i fy ngwely'n gynnar. Os nad oes gen ti wahaniaeth.'

Roedd y ddau ohonyn nhw fel tasen nhw wedi cael eu taro ar draws eu hwynebau. Safodd y ddau'n stond. Yn hollol dawel.

llewygu	to faint	*pigo*	to peck
deudwch (*GC*)	*dwedwch*	*ceiliog blin*	angry cockerel
cof (*eg*)	memory	*gwawdio*	to mock
datgelu	to disclose	*stond*	still

Ac yna meddai Meleri, 'Dw i'n falch iawn drosot ti, Alaw . . . yn falch iawn.' Roedd ei llygaid llawn hi'n atgoffa Steffan o ddagrau Alaw'n gynharach yn y dydd.

'Wela i chi yn y bore.'

A throdd Meleri ar ei sawdl am yr ystafell wely gan adael Gwydion ar ei ben ei hun wrth y bwrdd bwyd yn torri ei napcyn papur yn ddarnau bach, bach.

'Mae'n ddrwg gen i, Alaw,' meddai fo. 'Yr hen win 'ma sy'n siarad mae gen i ofn.' Ac roedd yr ansicrwydd i'w glywed yn fwy clir yn ei lais o erbyn hyn, meddyliai hi. Rhyw dristwch rhyfedd hefyd.

---

cynharach   earlier   *sawdl* (*egb*)   heel

20

Wrth gerdded at y stondin docynnau ym maes awyr Barcelona y bore wedyn, sylwodd Alaw fod yr heddlu yn fwy amlwg yno na phythefnos yn ôl ac roedden nhw'n dal gynnau.

Roedden nhw'n sefyll yn hollol lonydd ond roedd eu llygaid nhw'n brysur. Yn gwibio yma ac acw, yn barod i neidio tasen nhw'n sylwi ar unrhyw beth amheus. Roedden nhw fel cathod yn cuddio mewn glaswellt tal, yn gwylio eu prae, yn aros i ymosod.

Yn y stondinau papur newydd, roedd lluniau'r llanast yn *Ground Zero* ym mhob man. Roedd hi'n edrych yn debyg bod y byd i gyd ar bigau'r drain. Crynodd Alaw er gwaetha'r gwres.

Bydd hi'n braf bod gartref, meddyliai hi. Ond basai hi wrth ei bodd tasai hi'n gallu gwneud hynny heb orfod mynd i mewn i'r aderyn metal 'na eto. Fasai hi byth yn gallu edrych ar awyren eto heb deimlo ias o ofn.

Fel ar ddechrau eu taith o Fryste, gafaelodd hi'n dynn yn llaw Steffan wrth i'r awyren godi'n swnllyd i'r awyr. Caeodd hi ei llygaid am dipyn nes i bethau ddechrau setlo. Dim ond pythefnos oedd wedi mynd heibio ers iddyn nhw adael Cymru ond roedd hi'n teimlo fel misoedd, fel byd arall bron.

stondin docynnau	ticket booth	*ymosod*	to attack
gynnau (ll)	guns	*llanast (eg)*	mess
gwibio	to dart	*ar bigau'r drain*	on tenterhooks
yma ac acw	here and there	*gorfod*	to have to
amheus	suspicious	*ias (eb)*	shudder
prae (eg)	prey		

Edrychodd hi ar draws yr ale. Roedd llygaid Gwydion a Meleri ar gau hefyd a'r ddau'n edrych mor flinedig ag roedd hi'n teimlo. Roedd y cysgodion tywyll o dan eu llygaid nhw i'w gweld yn amlwg iawn yn erbyn eu lliw haul.

Llwyddodd hi i gysgu'n ysgafn am ychydig a chafodd hi sioc pan glywodd hi lais y peilot yn eu croesawu'n ôl i Fryste. Roedd o'n ymddiheuro am y glaw. Ac yn wir, o edrych allan drwy ffenest fach yr awyren, roedd y wlad o danyn nhw'n edrych yn eithaf llwyd a digalon.

Roedd y glaw a'r awel oer yn esgus i beidio ag oedi ar ôl iddyn nhw gael gafael ar eu bagiau a dechrau cerdded i'r maes parcio. Ysgwydodd Gwydion a Steffan law: 'Cofia – os byddi di neu Alaw i lawr yng Nghaerdydd unrhyw bryd. 'Dach chi'n gwybod lle 'dan ni. Codwch y ffôn.'

'Iawn . . . diolch.'

Cofleidiodd y ddwy ffrind. 'Mae'n ddrwg gen i am neithiwr, Alaw,' sibrydodd Meleri yn ei chlust hi. 'Mae'n ddrwg gen i am . . .'

'Paid ag ymddiheuro am ddim,' meddai Alaw. 'Diolch am bopeth. Wela i di.'

'Ie, wela i di o gwmpas.' Roedd y frawddeg honno'n ei hatgoffa hi o ddiwedd mwy nag un berthynas ffwrdd-â-hi yn y coleg, a'r addewid gwag yn cuddio o dan obaith y geiriau.

---

cysgodion (*ll*)	shadows	*cofleidio*	to hug
ymddiheuro	to apologise	*perthynas* (*eb*)	relationship
oedi	to tarry	*ffwrdd-â-hi*	casual
ysgwyd llaw	to shake hands	*addewid* (*eg*)	promise

Dilynodd Alaw Steffan a cherdded, heb edrych yn ôl, at y car.

'Wyt ti'n falch o fod ar dy ffordd adref?'

'Wnes i erioed feddwl y baswn i mor falch o weld yr A470!'

'Bydd yn ddiolchgar nad yw hi mor droellog â'r ffordd fynydd 'na i Cadaqués!'

Gwenodd Alaw wrth i'r enw, fel ogla persawr neu ddarn o gerddoriaeth arbennig, ddod â lluniau'n fyw ar sgrîn ei meddwl. Ond diflannon nhw'n sydyn wrth i Steffan ofyn:

'Beth oedd yn poeni Gwydion neithiwr te? Roedd e'n swnio'n flin iawn am rywbeth.'

'Y gwin oedd yn siarad, mae'n debyg, fel roedd o'n dweud.'

'Falle. Ond roedd e mor annisgwyl rywsut. 'Mr Cŵl' yn colli ei dymer. Ac roedd Meleri wedi ypsetio hefyd.'

'Diwedd gwyliau. Pobl wedi blino. Mae o'n digwydd.'

'Ydi. Ond . . .'

'Anghofia fo, Steffan. Cawson ni wyliau gwych fel arall.'

'Do.' Roedd o'n mynd i ddweud nad oedd hi byth yn bosib gwybod beth oedd y gwir am y berthynas rhwng dau berson beth bynnag. Ond roedd rhywbeth am dôn llais Alaw a wnaeth iddo fo gadw'r geiriau hynny iddo fo'i hun.

Pwysodd o ei droed ymhellach i lawr ar y sbardun. Roedd hi'n hen bryd iddyn nhw gyrraedd adref.

---

annisgwyl	unexpected	*sbardun (eg)*	accelerator
pwyso	to press	*hen bryd*	high time

Y noson honno, wrth redeg bath ar ôl iddi hi ddadbacio, roedd Alaw'n edrych ar y llinell las oedd yn llenwi'r 'ffenestr' yn y prawf beichiogrwydd roedd hi wedi ei brynu ar y ffordd.

Doedd dim lle i amau erbyn hyn. Er iddi hi ei ysgwyd i fyny ac i lawr ac edrych arno o wahanol gyfeiriadau, nid rhith mo hwn. Roedd y llinell yn dal i fod yno, yn ei llenwi hi â theimladau cymysg – cariad, ofn, ansicrwydd. Roedd hi'n falch o gael ychydig o funudau i rannu ei theimladau â hi ei hun.

Suddodd hi'n araf i mewn i'r dŵr cynnes, braf. Roedd grwndi'r radio fel *musak* yn y cefndir. Yn sydyn, daeth penawdau'r newyddion a'r cyhoeddiad fod Unol Daleithiau'r America wedi dechrau bomio Afghanistan.

Gorweddodd Alaw yno heb symud am funud neu ddau. Yna cwpanodd ei dwylo am ei bol, a'i fwytho fel tasai hi'n anwesu anrheg arbennig. Ar yr un pryd clywodd hi lais Steffan, yr ochr arall i'r drws, yn galw arni hi i ddod i'r gwely.

---

dadbacio	to unpack	*penawdau* (*ll*)	headlines
prawf beichiogrwydd	pregnancy test	*cyhoeddiad* (*eg*)	announcement
amau	to doubt	*Unol Daleithiau*	United States
rhith (*eg*)	illusion	*mwytho*	to caress
suddo	to sink	*anwesu*	to fondle

NODIADAU

Mae'r rhifau mewn cromfachau (*brackets*) yn cyfeirio at (*refer to*) rif y tudalennau yn y llyfr.

Gwelwch chi'r ffurfiau amser presennol isod yn y nofel:

ydi (ydy)/dydi (dydy)

'Gwaith sychedig ydi sgwrsio efo dynion diarth ar draethau Sbaen!' (42)

'Chatting to strange men on Spanish beaches is thirsty work!'

'dan ni ('dyn ni)

'Ond 'dan ni ddim wedi canslo'r tocynnau eto.' (12)

'But we haven't cancelled the tickets yet.'

'dach chi ('dych chi)

'Yn enwedig os nad ydach chi'n nabod eich gilydd yn rhy dda.' (72)

'Especially if you don't know each other too well.'

1. **Gan**

Yn yr iaith ffurfiol ac yn nhafodieithoedd y Gogledd, yr arddodiad 'gan' sy'n dynodi meddiant (*denotes possession*).

Iaith y De	**Iaith y Gogledd**
Mae car 'da fi	Mae gen i gar

Y ffurfiau sy'n cael eu defnyddio yn y nofel hon yw:

gen i	gynnon ni
gen ti	gynnoch chi
gynno fo	gynnyn nhw
gynni hi	

'Mae o dal gen i.' (61)
'I've still got it.'

'Ydi'ch rhif chi gynno fo?' (43)
'Has he got your number?'

2. **Amodol** *(conditional)*

Mae gan y berfenw 'bod' lawer o wahanol ffurfiau yn yr amodol. Dyma ffurfiau'r nofel hon:

Baswn i (*I would be*)	Basen ni
Baset ti	Basech chi
Basai fo/hi	Basen nhw

'Ond tasai'r dewis gen i, Steffan, basai'n llawer gwell gen i fod gartre, allan yn yr awyr iach efo fy *sketch pad.*' (10)

'But if I had the choice, Steffan, I would much prefer to be at home, out in the fresh air with my sketch pad.'

Taswn i (*If I were*)	Tasen ni
Taset ti	Tasech chi
Tasai fo/hi	Tasen nhw

'Roedd Steffan yn dweud y basai hi'n iawn i mi ffonio tasai problem yn codi.' (42)

'Steffan said it would be alright for me to phone if a problem arose.'